JUSTIN PONS

NOTRE IDÉAL
PHILOSOPHIQUE

JOUVE & Cᶦᵉ, 15, RUE RACINE ❧ PARIS-VIᵉ

DERNIERS OUVRAGES PARUS

Notre Idéal philosophique

JUSTIN PONS

1628

NOTRE IDÉAL PHILOSOPHIQUE

JOUVE & Cie, ÉDITEURS

PARIS - 15, rue Racine - PARIS

1918

Notre Idéal philosophique

L'auteur de cet ouvrage n'a jamais eu le dessein
de publier un traité de philosophie conçu d'après
les règles généralement adoptées en semblable
matière. A côté des productions multiples de tant
d'éminents penseurs, il existe de nombreux livres
écrits dans le cadre des programmes officiels. Les
élèves des lycées et de nos grandes écoles trouvent
dans les manuels composés pour eux, des indica-
tions précieuses, que vient compléter l'enseignement oral de leurs professeurs. C'est ainsi qu'ils
apprennent l'objet et les divisions de la philosophie ;
c'est ainsi encore que leurs cerveaux sont ouverts à
la connaissance des sciences morales et de la métaphysique.

Les sciences morales ont l'esprit humain pour

étude. Elles examinent toutes ses manifestations, dans leurs principales divisions qui sont la Psychologie, la Logique et la Morale.

Les recherches sur l'âme relèvent spécialement de la Psychologie. Elle examine les choses de la conscience et de la vie intellectuelle. Par elle, s'expliquent mieux nos sensations, nos idées, nos jugements, nos émotions, tous nos instincts. La Psychologie comprend, en outre, l'étude de l'Esthétique, c'est-à-dire du beau, sous ses diverses formes, et des sentiments qu'il développe en nous.

La logique a reçu des définitions nombreuses. On peut dire qu'elle nous enseigne à faire entrer la vérité dans notre raisonnement. C'est dans cette partie de la philosophie que sont étudiés la déduction, l'induction, l'analyse, la synthèse, le syllogisme, l'hypothèse, tous les sophismes.

Les origines de l'erreur sont expliquées différemment, selon les philosophes. Il en est qui les attribuent à la faillite de l'intelligence humaine, incapable de juger correctement. Cependant une erreur

ne serait jamais reconnue, si notre esprit demeu-
rait toujours faux.

Nos erreurs ont pour principales causes les
croyances précipitées, l'éducation, notre amour-
propre et surtout nos passions. Descartes avait
adopté une règle lui paraissant servir de remède à
l'erreur : « Ne recevoir jamais aucune chose pour
vraie que je ne la connusse évidemment être telle,
c'est-à-dire éviter soigneusement la précipitation
et la prévention et ne comprendre rien de plus dans
mes jugements que ce qui se présenterait si clairement et si distinctement à mon esprit que je
n'eusse aucune occasion de le mettre en doute. »

Les sages paroles du grand penseur français resteront dans le domaine théorique ; l'erreur est in-
hérente à notre mortelle espèce.

La morale, ou science des mœurs, a pour but
de nous diriger constamment vers le bien. Elle
définit les actes humains et les idées en rapport
avec ces actes. Ses principales divisions étudient
les mobiles de la conduite et les fins de la vie hu-

maine, la perfection individuelle, le sentiment de
la responsabilité, la constitution et le rôle social
de la famille.

La morale montre nos droits et nous rappelle
nos devoirs. Par elle, nous distinguons mieux ce
que sont la liberté de penser, la propriété et le
travail, la nation et la loi, l'égalité civile et politique. Enfin, elle détermine les lois relatives à la
production et à la répartition des richesses. Tous
les grands problèmes intéressant le sort matériel
des peuples appartiennent à l'Economie politique,
classée parmi les sciences morales.

Il n'existe pas un accord absolu entre l'Economie
politique et la Morale. Les prix des salaires et des
marchandises ne sont pas toujours évalués d'après
leur valeur réelle. La concurrence et maintes circonstances interviennent dans les calculs. De même,
la fortune peut échoir à des êtres qui n'ont rien
fait pour la mériter. L'action lente du temps nivelle
de telles choses et arrive à corriger de choquantes
inégalités.

La Philosophie était considérée autrefois comme une connaissance universelle ; elle avait l'ambition de s'étendre sur tous les phénomènes de l'univers. Cette conception du rôle philosophique a été modifiée ; ainsi, certaines sciences comprises d'abord dans la philosophie se sont détachées d'elle et n'étudient séparément qu'un groupe de faits particuliers.

La Métaphysique continue à poursuivre l'ancien idéal de la Philosophie, c'est-à-dire la connaissance absolue de toutes choses. Un pareil programme est ambitieux et donne naissance à des suppositions que des raisonnements sérieux peuvent faire rejeter. Quelquefois aussi, les hypothèses énoncées indiquent la vraie voie à suivre dans des recherches nouvelles.

La Métaphysique cherche à définir la valeur et la limite de nos connaissances. Après avoir étudié le probabilisme, le scepticisme, le dogmatisme et tant d'autres systèmes, elle s'efforce de résoudre les problèmes de la matière, de l'âme et de l'idée

d'un Dieu créateur. Ses conclusions sont forcé-
ment incomplètes, mais elles nous font mieux
réfléchir sur l'insondable mystère du Monde.

* * *

La Philosophie a reçu une foule de définitions.
Bossuet dit qu'elle est « La connaissance de Dieu
et de soi-même ». Larousse l'appelle « La science
générale des êtres, des principes et des causes ».
Le Dr Pierre Janet ajoute « qu'elle réunit un ensemble de sciences ayant pour but l'explication de
l'Univers, aussi bien physique que moral ». Trous-
set explique qu'elle a pour objet « L'amour de la
sagesse, la recherche de la vérité, du principe et de
la raison des choses ; l'étude de la nature et de la
morale ».

Il serait impossible de reproduire toutes les
qualifications qui lui ont été données ; on peut dire
qu'elle est née avec notre humanité. De tout temps,
les hommes ont été impressionnés par la grandeur

du spectacle de l'Univers. A toute époque, les astres étincelants, la foudre et ses éclats, les saisons qui se renouvellent ont fortement excité nos imaginations. Aussi, dès que les esprits humains se sont sentis capables de penser, ont-ils cherché à s'expliquer tant de merveilleux phénomènes.

La Philosophie se trouve en germe dans les religions des peuples de l'Orient. La plus ancienne fut dans l'Inde celle des Védas, ou livres sacrés. Après, vinrent le Brahmanisme et le Bouddhisme.

En Perse, la doctrine de Zoroastre ; en Chine, celle de Confucius se propagèrent rapidement. La Judée eut aussi sa religion ou philosophie, laquelle, soumise à des transformations, a constitué le Christianisme.

Avant l'ère chrétienne, la Philosophie brilla vivement en Grèce. Ce pays était alors dans la plénitude de son rayonnement intellectuel. Plusieurs systèmes de philosophie s'y développèrent en diverses périodes.

D'abord, la philosophie anté-socratique comprit

de nombreuses écoles, dont les tendances étaient parfois bien différentes. Les unes, chez les Ioniens, expliquaient tous les phénomènes par un méca-nisme matériel. Les autres, avec Pythagore, ensei-gnaient la communauté des biens et la métempsy-cose, ou passage des âmes d'un corps dans un autre. D'autres enfin, semblaient concilier les ten-dances Ioniennes et les théories des disciples de Pythagore.

La Philosophie Socratique est surtout morale. Elle enseigne que la première vertu est l'indépen-dance de l'âme à l'égard des sens. D'après elle, le principe qui régit l'univers n'est pas matériel: Une pensée organisa le monde.

Socrate n'a pas laissé d'écrits; il enseignait par la conversation. Ses historiens nous apprennent que l'ironie fut par lui supérieurement maniée. C'est de cette façon qu'il indisposa ses concitoyens et fut mis par eux en accusation; il accepta stoïque-ment le terrible sort qui lui était imposé.

Après lui, ses élèves propagèrent sa doctrine.

Platon, dans ses dialogues, expose la vie et la mort de Socrate, ainsi que ses théories personnelles. Selon Platon, la connaissance que nous avons n'est pas l'œuvre de notre seule vie, mais le souvenir inconscient d'une existence antérieure. Il expose que l'harmonie dans un État ne serait possible qu'en supprimant la propriété et la famille, qui divisent les citoyens. Nos communistes eurent en lui un lointain précurseur.

Aristote, élève de Platon, peut se rattacher à l'école Socratique. Ses disciples, comme lui, étaient appelés des péripatéticiens, à cause de leur habitude d'enseigner en se promenant.

Aristote, précepteur d'Alexandre le Grand, fut une des plus belles intelligences que le monde ait connues ; il a laissé sur tous les sujets des écrits impérissables. Sur bien des points, sa philosophie s'éloigne de celle de Platon. D'après lui, le principe d'un État est la famille, fait naturel, car l'homme est naturellement sociable. Il dit encore que l'âme n'est pas distincte de notre corps ; elle prend la forme du corps, examiné dans son harmonieux ensemble.

La période Post-Socratique est celle de la décadence de la Philosophie en Grèce. Après la mort d'Aristote, diverses écoles, éclipsées d'abord par l'éclat de la philosophie socratique, se montrèrent, non sans avoir subi quelques transformations. Epicure expliqua la formation des êtres par les atomes. La vue d'une mère magicienne l'avait rendu ennemi des superstitions et même de toute religion. Il plaçait le souverain bien dans le bonheur, mais la source de nos plaisirs doit être d'une pure essence. Ses théories, d'où l'activité se trouvait bannie, ne seraient plus de mode à notre époque.

Zénon fonda l'école stoïque. D'après lui, l'homme doit vivre selon la raison, de même que selon la nature. La raison nous commanderait de supprimer en nous nos sentiments, nos moindres passions. Notre raison devrait être indifférente à ce qui nous entoure, à tout ce qui veut nous émouvoir. Cette morale contient beaucoup d'égoïsme.

Pyrrhon niait qu'un mortel puisse arriver à la vérité. Nous ne connaissons des choses que leur apparence ; les êtres sont soumis à un perpétuel renouvellement. Sa doctrine est l'affirmation complète du doute.

Ce doute se trouve diminué avec l'école du Probabilisme. A défaut de vérité absolue, le vraisemblable peut être admis. Au contraire, le scepticisme se montra plus complet avec Sextus Empiricus et Œnesidème ; il eut dans la suite d'autres représentants illustres, parmi lesquels Agrippa, Montaigne et Bayle.

Alexandrie vit se développer une école dite éclectique, fondée par le philosophe Potamon. Cette philosophie réunit dans ce qu'elles lui paraissaient avoir de mieux, les doctrines de la Grèce avec les religions venues de l'Orient. De nos jours Victor Cousin, auteur d'un traité du vrai, du beau et du bien, s'attacha à rechercher dans les écrits de ses devanciers ce qui paraît le plus vraisemblable.

Rome brilla dans les' lettres comme dans les arts, la guerre et la politique ; mais sa philosophie fut dépourvue d'originalité. Les philosophes romains n'ont fait que traduire et commenter les systèmes de leurs confrères grecs.

Lucrèce, adoptant les idées d'Epicure, étudia l'évolution du monde, dans son poème d'un souffle puissant sur la nature des choses.

Les stoïciens eurent à Rome de nombreux représentants, parmi lesquels se trouvait Marc-Aurèle. Celui-ci est considéré comme le plus vertueux des empereurs romains. Son goût pour les choses élevées, ainsi que sa modération, l'ont rendu digne de mémoire.

Parmi les stoïciens ayant vécu à Rome, on cite Epictète, originaire de la ville d'Hiéropolis en Phrygie. Esclave affranchi par Néron, il écrivait en langue grecque. Ses entretiens, recueillis par Arrien, résumaient brillamment la doctrine stoïcienne. Le stoïcisme latin affiche moins d'orgueil que celui des Grecs ; d'un sens plus pratique, il préconise l'égalité entre les hommes et célèbre les bienfaits de la charité.

L'éclectisme eut dans Cicéron un illustre représentant. Ses dialogues philosophiques portent sur les biens, les maux vrais et les devoirs. Dans les Tusculanes, il exprime sa croyance en une vie future. Tour à tour, il soutient les idées stoïciennes et celles d'Aristote, dans une langue qui est la plus haute expression du génie latin, modifié par le génie Grec.

La place entre la Philosophie ancienne et celle du moyen âge est occupée par les enseignements et les controverses qui ont préparé l'établissement du christianisme. Un système philosophique ou religieux n'a jamais été créé de toutes pièces. Les idées vraiment neuves sont rares. Celles qui nous viennent avaient pu germer, bien avant, dans d'autres cerveaux. Aussi, les pères de l'Eglise assumèrent-ils la lourde tâche d'assimiler les philosophies anciennes dans le christianisme. Saint

a

Justin, auteur d'une apologie de la religion chrétienne; saint Clément d'Alexandrie, apologiste
remarquable; Origène, interprète éclairé des textes
bibliques, écrivaient en langue grecque.

D'autres philosophes, publiant en latin leurs
œuvres, ont été appelés pères de l'Eglise latine.
L'histoire nous cite Tertullien, génie puissant,
auquel on a reproché d'ajouter à tous les enseignements dogmatiques de l'Eglise, la croyance dans
une intervention perpétuelle du Paraclet ; Lac-
tance, orateur comparé à Cicéron ; saint Augus-
tin, évêque d'Hippone. Les principaux ouvrages
de ce prélat célèbre sont *la Cité de Dieu, le Traité
de la Grâce et les Confessions*, où il ne craint pas
de révéler les erreurs qui précédèrent sa conver-,
sion.

Dans les écoles fondées par Charlemagne, commença la Philosophie Scholastique, écrite aussi
« Scolastique ». Elle a été enseignée pendant tout
le moyen âge. Son double caractère est d'être reli-

gieuse et de manquer d'originalité. Elle s'est toujours bornée à commenter les doctrines antiques,
sans émettre des théories offrant une expression
nouvelle.

Jusqu'au xII° siècle, la scholastique dépend
absolument de la théologie. Cette période d'environ
quatre siècles voit éclater et se poursuivre la que-
relle des réalistes et des nominalistes.

Les réalistes, tels que saint Anselme, arche-
vêque de Cantorbéry et Guillaume de Champeaux,
maître d'Abélard, considéraient les idées comme
des êtres réels. Au contraire, les nominalistes, avec
Roscelin et Guillaume d'Okkam, ne voyaient dans
les idées que de simples mots.

Entre eux, prend place le système d'Abélard. Ce
théologien trouva le moyen d'accorder ses pensées
à la tendre Héloïse, tout en s'occupant de philosophie. La doctrine conceptualiste d'Abélard donne
aux idées générales une réalité en dehors des
êtres extérieures et en dehors du mot. Ces idées
deviennent des concepts, c'est-à-dire des phéno-

mènes psychologiques réels dans notre pensée.
Tout cela paraît bien confus à nos esprits
modernes.

Durant la deuxième période de la scholastique,
la philosophie tend à s'éloigner de la théologie.
Avec des conceptions diverses, se font remarquer
un moine dominicain, Albert le Grand ; saint
Thomas d'Aquin, dont les œuvres sont l'expression la plus achevée de l'orthodoxie catholique ;
Roger Bacon, moine anglais, l'un des esprits les
plus éclairés du moyen âge.

La troisième période scholastique est remplie,
aux xivᵉ et xvᵉ siècles, par des luttes entre la Philosophie et la Théologie. On voit avec Gerson, chan-
celler de l'Université, se développer le mysticisme.
Gerson joua un rôle important au concile de Cons-
tance, où le réformateur tchèque, Jean Huss, l'un
des précurseurs de la réforme, fut condamné à
être brûlé vif. On avait attribué à Gerson, bien à
tort paraît-il, la paternité de *l'Imitation de Jésus-
Christ*, livre remarquable écrit en langue latine.

Le temps de la philosophie scholastique finit quand, sous l'influence de la culture antique, se produisit en Europe l'admirable mouvement qui prit le nom de Renaissance.

L'époque de la Renaissance a vu éclater de grandes querelles religieuses, provoquées par la réforme protestante. Les penseurs du moment ne pouvaient se désintéresser de ces retentissantes luttes, mais ils commentaient encore Aristote et les anciens philosophes.

Certains d'entre eux avaient cru pouvoir se détacher des doctrines enseignées par l'Eglise catholique ; Giordano Bruno, philosophe de Nola en Italie et son confrère napolitain Lucilio Vanini, poursuivis par l'inquisition, payèrent de leur vie leurs prétendues erreurs.

Malgré tout, le scepticisme reparaît avec force. Agrippa Corneille publie une étude sur l'imprécision des connaissances scientifiques. Michel de Montaigne révèle au public ses immortels essais.

Le scepticisme de Montaigne consiste à avouer
l'impuissance de la raison humaine et la vanité du
dogmatisme. Ce grand moraliste prêchait la tolérance, en des écrits d'une saveur incomparable. La
postérité le comprend sans doute mieux que ses
contemporains, enfiévrés par les funestes guerres
de religion.

François Bacon, célèbre hommé d'Etat et philosophe anglais, fut un des créateurs de la méthode
expérimentale, contraire aux doctrines scholas-
tiques. Dans ses ouvrages, Bacon fait l'éloge des
sciences et recommande leur emploi rationnel. Ses
principaux disciples furent Kudworth ; le saxon
Samuel Puffendorf, auteur d'un « Traité du droit de
la nature et des gens » ; Hobbes, philosophe anglais,
qui, dans son *Léviathan*, affirmait son matérialisme et se déclarait partisan de l'égoïsme en
morale et du despotisme en politique.

Descartes, philosophe, physicien et géomètre
français, peut être considéré comme le créateur de
la psychologie moderne. Ses principales recherches

devaient être publiées dans un ouvrage intitulé :
Le Monde. En apprenant la condamnation de
l'Italien Galilée, il n'osa plus exposer des théories
analogues à celles de son émule malheu-
reux.

Son *discours de la méthode* est demeuré célèbre.
On peut citer encore de lui les *Méditations,* un
Traité de l'Homme et un *Traité des Passions.* D'après
Descartes, les sciences, comme la philosophie,
doivent être construites sur le modèle des mathématiques qui, seules, présentent un caractère de
certitude.

Comme tant d'autres, il s'efforça de démontrer
l'existence de Dieu. Sa preuve avait un cachet
géométrique : « Dieu, disait-il, est par définition
l'être parfait ; il possède toutes les perfections ;
donc il possède cette existence, il n'est pas seulement une idée, mais une réalité. »

De telles affirmations ont été souvent com-
battues. On a fait remarquer que nul ne possède
le pouvoir de tirer une existence d'une simple

Idée. En matière philosophique, les raisonnements sont sans limites ; les preuves véritables s'obtiennent plus difficilement.

La manière ou méthode de Descartes, dite « Cartésienne », est résumée dans la phrase suivante : « Pour atteindre la vérité, il faut une fois dans sa vie se défaire de toutes les opinions que l'on a reçues et reconstruire de nouveau, et dès le fondement, tous les systèmes de ses connaissances. »

Descartes rencontra de nombreux adversaires. En Hollande, où il était allé chercher l'isolement, Voetius le combattit. Ses théories furent aussi vivement discutées en Angleterre. Un prêtre basalpin, l'abbé Pierre Gassendi, ne se priva pas de la critiquer, après avoir attaqué les doctrines d'Aristote et vanté le système matérialiste d'Epicure.

Ayant vécu de longues années en Hollande, Descartes y répandit d'abord sa méthode. Elle ne tarda pas, d'ailleurs, à se propager en France et dans d'autres pays. Parmi ses disciples, ceux de Port-Royal tiennent une grande place. On sait que

Port-Royal, ancienne abbaye de Bernardines, devint une maison de retraite où vécurent des savants, amis de la solitude. Parmi eux, se trouvaient Pascal, Lemaistre de Sacy, Lancelot, Arnaud ou Arnauld et Nicole. Ces deux derniers rédigèrent plus spécialement la logique de Port-Royal.

Bossuet se déclara partisan du Cartésianisme et le défendit dans maints ouvrages de haute portée. Son *Traité de la connaissance de Dieu et de soi-même* contient d'intéressants aperçus sur les rapports de l'esprit et du corps. Il se sépara de Descartes, en supposant que la pensée et une conscience existent chez les animaux.

Fénelon et Malebranche, grands orateurs sacrés, furent aussi des philosophes cartésiens.

Malebranche déclare que la raison humaine est entièrement dirigée par la divinité. Aucune créature n'est douée d'initiative. Dieu seul nous fait agir. L'activité divine se manifeste dans tous nos mouvements, toutes nos volontés.

Spinoza, qualifié de philosophe hollandais, était juif d'origine portugaise. Il exagéra la méthode cartésienne, en lui donnant une forme exclusivement géométrique. Le principe de tout son système est que la substance divine forme une chose qui peut exister et être conçue par elle-même. Dieu a des attributs se divisant en modes de la pensée, composant les âmes, ou en modes de l'étendue, qui sont les corps.

Certaines sortes de panthéistes considèrent Dieu comme l'âme du monde et le monde comme le corps de la divinité. D'autres disent que dans chaque objet de la nature, se trouve le créateur : « Tout est Dieu ».

Leibniz, philosophe allemand, quoique se rattachant au Cartésianisme, a été chef d'Ecole. Sans succès, il s'unit à Bossuet pour obtenir la fusion des églises catholique et réformée. Il a créé le système des Monades, d'après lequel une harmonie établie d'avance existe entre l'âme et le corps. On le reconnaît comme chef de l'école optimiste, qui adopta la célèbre formule : « Tout est pour le mieux dans le meilleur des mondes possibles. » Contrairement à Spinoza et même à Descartes, Leibniz ne croit pas que la création du monde soit géométrique ou libre et indéterminée. D'après lui, Dieu a conçu différents mondes possibles et son choix s'est porté sur le meilleur d'entre eux.

La Philosophie du xviii° siècle se développe dans plusieurs pays. Elle s'affirme en Angleterre avec John Locke, qui plaçait la source de nos connaissances dans l'expérience, ayant à son secours la sensation et nos réflexions. George Berkeley, philosophe irlandais, critique la matière et unit dans son système le théisme à l'idéalisme.

Hume, autre Anglais, a créé la philosophie phénoméniste, laquelle ne s'attache qu'à ce qui peut tomber sous les sens. D'après Hume, tout doit être nié, la Nature, les esprits et la divinité même. Rien ne nous est bien connu, pas plus les esprits que le corps. Vers la même époque, l'Ecossais Adam Smith écrivait ses *Recherches sur la nature*

et les causes de la richesse des nations. Les règles
qu'il a posées sont souvent citées en économie
politique.

Une école tenta de réagir, en Ecosse, contre
l'empirisme de Hume et de ses imitateurs. Elle a
reçu le nom d'Ecole du bon sens, en défendant les
croyances naturelles et générales. Cette école
décrit les idées et les croyances, sans chercher à
les expliquer; on dit qu'elle prépara chez nous
l'éclectisme de Victor Cousin.

En France, la philosophie au xviiiᵉ siècle est
représentée par Diderot, porté au panthéisme, par
Helvétius et Jullien de la Mettrie, partisans du matérialisme. Condillac explique à sa façon le méca-
nisme de l'esprit humain, dans son *Traité des sensations.* Pendant les années qui ont précédé la
révolution française, nos penseurs s'attachèrent
surtout à répandre des idées de justice et d'égalité. Avec Montesquieu, les écrivains philosophes
d'Alembert, Diderot, Voltaire, J.-J. Rousseau et

tant d'autres, ne cessaient de réclamer pour le peuple un régime de liberté. La vigueur de leur campagne provoqua l'écroulement d'un trône et l'avènement d'un monde nouveau.

Kant peut être considéré comme le plus grand penseur de l'Allemagne. L'étude des sciences l'absorba d'abord, mais la philosophie devait ensuite le prendre tout entier. Il est l'auteur de traités estimés sur « la Critique de la raison pure », « la critique de la raison pratique » et « la Critique du jugement ».

Il expose que nous ne pouvons pas nous vanter de connaître les choses telles qu'elles sont, mais que nous les connaissons seulement quand elles ont été transformées par les lois de notre esprit. D'après Kant, les Noumènes sont des faits qui se passent dans notre âme elle-même et nous sont révélés par la conscience. Ce mot de Noumènes est opposé aux Phénomènes, qui sont les apparences des choses telles qu'elles se présentent à notre esprit. L'entendement humain ne peut saisir que ces phénomènes ; le reste nous est impossible.

En 1762, parut l'ouvrage de Kant intitulé : *Le seul moyen de prouver l'existence de Dieu.* L'existence de Dieu, dit-il, n'est pas une conception, et, en conséquence, ne peut être prouvée. Mais sa non-existence renferme une contradiction logique.

Au moyen de la connaissance morale, Kant cherche à suppléer à la connaissance scientifique. C'est au nom de la morale qu'il rétablit des principes déclarés par lui scientifiquement indémontrables. Ainsi, il reconstitue la certitude, au moyen de la raison pratique et conclut à la loi du devoir, à l'existence de Dieu et à l'immortalité de l'âme.

A la suite de Kant, des philosophes allemands, tel que Fichte, Schelling, Hegel, ont essayé d'expliquer la nature impalpable des Noumènes. Schelling soutenait que tout est pénétré par une loi d'évolution et que c'est une loi de forces polaires.

Ces forces agissent et réagissent perpétuellement, comme on le voit dans les phénomènes de la chimie, de l'électricité et du magnétisme. Dans un de ses écrits, il nie qu'il puisse y avoir deux sortes de philosophies et il insiste sur la nécessité d'un théisme scientifique.

Un autre Allemand, Schopenhauer, enseigna un système se rapprochant beaucoup de celui de Kant. Il nie cependant que le réel ne puisse se connaître et il le trouve dans la volonté, prise de façon à y comprendre le désir conscient, l'instinct inconscient et les forces qui se manifestent dans la nature inorganique. Affaibli par des contradictions profondes, comme celui de la plupart des philosophes, le système de Schopenhauer est surtout cité par son exposition du pessimisme, doctrine de ceux qui voient tout en noir sur la Terre.

Le Français Auguste Comte et les philosophes de son école, dite Positiviste, pendant le cours du XIX⁰ siècle, ont surtout commenté la partie sceptique de l'œuvre de Kant. Ils ont déclaré que notre

science se bornait à la connaissance des phénomènes. Puisque nous ne connaissons aucune réalité
extérieure, il faut nous borner à l'étude et à la
classification des seuls phénomènes : Inutile de
chercher à décrire une réalité inconnaissable.

Le xIxᵉ siècle et l'époque actuelle ont eu en philosophie de nombreux représentants, offrant des
tendances bien diverses.

Les plus connus sont pour l'Allemagne Büchner,
aux doctrines matérialistes, auteur de *Force et
matière* ; Fechner, l'un des fondateurs de la psy-
cho-physique, théorie qui cherche à évaluer mathé-
matiquement les phénomènes psychologiques ;
Gall François-Joseph, qui localise nos diverses
facultés dans différents points du cerveau ; Hering,
Wundt Guillaume et Nietzsche Frédéric, dont les
théories ont donné lieu, même chez nous, à tant de
discussions passionnées.

Pour l'Angleterre, on énumère Bain Alexandre,
appartenant à l'école expérimentale, auteur d'un
ouvrage de psychologie descriptive; Buckle, Henry-

Thomas, historien et philosophe ; Max Muller, Allemand d'origine, qui a enseigné en Angleterre et rédigé en anglais des leçons sur la science des religions ; Spencer Herbert, qui a exposé le système de l'évolution et fondé dans son pays la philosophie évolutionniste ; Mill James, qui appliqua aux sciences morales la méthode positiviste ; Stuart Mill, fils du précédent, économiste et philosophe remarquable, auteur d'un traité sur la logique instinctive et déductive.

L'Italie fournit plutôt des poètes et des artistes que des philosophes. On cite dans ce pays le père Secchi Angelo, de l'Ordre des Jésuites, encore plus astronome que philosophe.

La Suisse s'honore d'avoir vu naître Secrétan, auteur d'une Philosophie de la liberté.

La France a toujours produit des légions de philosophes. Signalons parmi les modernes ;

Barthélemy Saint-Hilaire, traducteur des œuvres d'Aristote ;

Barni, traducteur des œuvres de Kant, auteur

d'un ouvrage sur la morale dans la démocratie ;

Bastiat, apôtre du travail libre, auteur d'ouvrages sur les sophismes et les harmonies économiques ;

Bergson, très apprécié à l'heure actuelle ;

Caro, professeur spiritualiste et moraliste, qui eut son heure de vogue à la Sorbonne ;

Cournot, mathématicien philosophe ;

Cousin Victor, restaurateur de l'enseignement philosophique en France et chef de l'école spiritualiste éclectique ;

Dumont Léon, auteur d'une théorie scientifique de la sensibilité ;

Fourier Charles, auteur de théories socialistes, chef de l'école phalanstérienne ;

Garnier Adolphe, auteur d'un traité des facultés de l'âme et correcteur d'une édition des pensées du Janséniste Pascal ;

Janet Paul, auteur d'un grand nombre d'ouvrages, parmi lesquels figure la Philosophie du bonheur;

Le Play, défenseur éloquent de la réforme sociale, basée sur une puissante organisation de la famille, de la religion et de la propriété ;

Janet Pierre, professeur de Psychologie au collège de France, auteur d'un manuel de Philosophie très estimé ;

Jouffroy Théodore, spiritualiste, dont l'enseignement à la Sorbonne est demeuré célèbre ;

Lacordaire, prédicateur-philosophe, un de nos plus complets, orateurs sacrés ;

Lamennais, penseur vigoureux mais mobile. Au cours d'une vie tourmentée, sa méthode fut souvent modifiée. La première partie de son existence est marquée par *l'Essai sur l'indifférence en matière de religion.* A la dernière, se rattachent les *Paroles d'un croyant ;*

Lévêque, auteur d'intéressantes études sur l'esthétique ;

Littré, disciple d'Auguste Comte. Ses études sur la philosophie des religions soulevèrent de violentes polémiques. Son élection à l'Académie provoqua la démission de l'évêque Dupanloup;

Loyson Charles, dit le père Hyacinthe, penseur et orateur éminent, qui entreprit vainement une réforme de l'église catholique;

Joseph de Maistre, qui s'attacha surtout à la défense des dogmes religieux. Ultr. montain, il-défendit toute sa vie les principes d'autorité en matière religieuse;

De Montalembert Charles, fondateur et rédacteur de *l'Avenir*, avec Lamennais et Lacordaire. Défenseur du catholicisme libéral et adversaire du décret de l'infaillibilité pontificale;

Marion Henri, auteur d'un livre sur la solidarité morale et d'un traité de psychologie et de morale;

Prévost Paradol, auteur d'études sur les moralistes français;

Quinet Edgard, philosophe éminent, penseur hardi, aux idées larges et généreuses;

Renan Ernest, savant philosophe et écrivain français, doué d un style merveilleusement souple;

Th. Ribot, professeur au collège de France, connu

par de nombreux travaux sur les sciences psychologiques ;

Taine Hippolyte, dont le livre concernant « l'Intelligence » a eu la plus heureuse influence sur le
développement de la psychologie française ; il a
tenté d'appliquer la méthode des sciences naturelles aux productions les plus diverses de l'imagination humaine ;

Tissot Claude-Joseph, traducteur des œuvres de
Kant et auteur d'une histoire de ce philosophe.

Beaucoup d'autres auteurs français auraient pu
prétendre aux titres de philosophes et de moralistes, car leur finesse naturelle est complétée par
un jugement profond, une sûre raison.

Etabli après lecture approfondie de bons ouvrages et audition de conférenciers éminents, l'exposé qui précède n'est qu'un court résumé de la
philosophie à travers les siècles. Il suffira pourtant
à rappeler les tendances si diverses des esprits
humains représentés par une élite. Ce que nous connaissons de l'histoire du monde, prouve que les

mortels se sont toujours montrés avides de vérité; ils ont tout tenté pour la découvrir. Quels sont les résultats de leurs recherches, de leurs patients efforts ? On a de la peine à les apprécier, puisque la même certitude n'est point partout admise. Le doute, les controverses existeront sur la terre, tant qu'une grande et indiscutable lumière ne viendra pas nous éclairer.

Le mystère de la création est de ceux que nul de nous n'a pu percer encore. Chacun ici-bas l'interprète à sa manière. La science nous explique autrement que les religions l'origine de notre planète. D'après elle, le globe terrestre n'était en premier lieu qu'une masse incandescente et fluide. Les eaux, sous forme de vapeur, se trouvaient en suspension dans l'atmosphère. C'est en se refroidissant peu à peu que la surface de la terre s'est lentement solidifiée, tandis que les vapeurs, se condensant, tombaient en pluies violentes sur la croûte terrestre.

Il y a eu plusieurs périodes dans l'histoire de la terre. Les géologues en distinguent cinq principales, formant elles-mêmes de nombreuses subdivisions.

Pendant la période primitive, la partie superficielle du globe se solidifiait par refroidissement. L'état surchauffé de l'atmosphère devait être sur notre planète encore contraire à la vie organisée.

Au cours de la période primaire, des espèces végétales, ainsi que des vers, des mollusques, des crustacés, des reptiles, des poissons apparurent timidement.

Pendant l'époque secondaire, l'atmosphère, moins saturée d'acide carbonique, alimente une végétation bien plus variée. La faune se développe insensiblement. Des modifications s'accomplissent dans les continents.

L'époque tertiaire jouit d'un climat chaud et humide. Sous sa douce influence, pousse une luxuriante végétation. De nouvelles espèces prennent place dans la faune, mais certains animaux atteignent des dimensions et prennent des formes différentes de celles des races actuelles. Cette démonstration est faite par les fossiles rencontrés un peu partout dans le sol. C'est à l'époque tertiaire qu'apparaissent le cheval, le singe et peut-être, vers la fin, l'homme.

Le globe traverse actuellement l'époque dite quaternaire, caractérisée par le développement de l'espèce humaine et son passage à la vie civilisée. Notons que notre espèce a reçu des modifications physiques au cours de son développement. Si l'on en juge par des ossements recueillis, les hommes des premiers jours se trouvaient assez différents de ceux d'aujourd'hui; qui peut certifier que notre évolution s'est enfin arrêtée?

A cette théorie, s'oppose celle plus simpliste de la création du monde en quelques jours, par une divinité possédant un pouvoir infaillible et sans limites.

Origine des religions. — De tout temps, les hommes ont éprouvé la sensation que l'Univers

n'est pas borné aux phénomènes que nos sens
peuvent discerner, et qu'une force mystérieuse
nous énveloppe. Il faut voir dans le sentiment de
ce mystère impénétrable, l'origine des religions.
Elles sont toutes respectables, puisqu'elles représentent les élans de nos âmes vers un pouvoir
invisible et absolu.

Selon le hasard de leur naissance, les humains
appartiennent à diverses religions. On compte
environ 450 millions de bouddhistes ; 450 millions
de chrétiens , 200 millions de brahmanistes ;
160 millions de musulmans ; 75 millions de confucianistes ; 10 millions de juifs et 200 millions de
mortels classés dans d'autres sectes, trop nombreuses pour être mentionnées. Il faudrait réduire
de beaucoup ces chiffres, si l'on avait le moyen
d'évaluer le nombre des indifférents, des scepti-
ques, enfin de ceux qui s'abstiennent de toute
pratique religieuse.

Le Bouddhisme est une religion asiatique, basée
sur la croyance à d'innombrables Bouddhas venus

pour sauver le monde. Son caractère primitif, fait de simplicité, a été dénaturé étrangement et finit par dégénérer en un confus mélange de croyances.

La logique bouddhiste est extrêmement contradictoire. Cette religion se fait remarquer par une profusion de temples, où les divinités prennent parfois de bizarres formes. L'essence de la morale bouddhique est « d'éviter le mal, de perfectionner le bien et de dompter ses passions ».

Le Bouddhisme ne reconnaît pas de création. « Les mondes sont depuis le non-commencement dans une perpétuelle révolution de formation et de destruction. » Il existe plusieurs univers ayant chacun son soleil, sa lune, ses étoiles et son enfer; les êtres changent de forme, parce qu'ils ont péché. Avec la mort du corps, l'âme n'est pas affranchie de ses désirs. Quand un individu vient à mourir, son corps est dompté, son âme s'éclipse et ne laisse que ses actions comme germe d'un nouvel individu qui est, suivant les circonstances, un démon, un animal, un homme ou un Dieu.

Les reliques de Bouddha et des saints sont conservées dans des stûpas ou topes. Les sermons, processions, sacrifices, le jeûne, les chants, entrent dans les cérémonies de ce culte. Le prêtre ou Lama agit aussi comme médecin et, dans les pays du Nord, mériterait d'être qualifié de sorcier, magicien ou augure.

Les chrétiens suivent la loi de Jésus-Christ. Ils se trouvent répartis entre catholiques, grecs, luthériens et protestants de diverses communions. Le Christ fut conçu, nous dit-on, par une opération du Saint-Esprit. Fils de Dieu et de Marie, il prêchait une religion toute d'amour et de bonté. Le triomphe de sa doctrine lui valut des ennemis puissants, qui résolurent sa mort. Après son trépas et sa résurrection, il est devenu l'objet d'un culte fervent. Depuis Arius, condamné au concile de Nicée, en 325, sa divinité fut souvent niée. De nos jours, Ernest Renan, dans la vie de Jésus, a considéré l'histoire de la Bible comme une chose purement légendaire.

Un schisme a séparé l'église d'Orient de celle d'Occident. Le pape est le chef de l'Eglise catholique latine. Les doctrines principales de cette église se rapportent à l'unité de la nature divine en trois personnes et à la mort de l'une d'elles sur la croix, pour l'expiation des péchés du genre humain. Néanmoins, ne seront sauvés que les êtres seuls à qui la rédemption est appliquée par les moyens que Dieu prescrit. Après avoir reçu le baptême, il nous faut, par la confession, obtenir le pardon de nos fautes.

L'église grecque n'admet pas le pouvoir spirituel du pape.

Le mot «Protestant» est un nom collectif donné à toutes les dénominations chrétiennes, sauf à l'Eglise catholique romaine et aux églises d'Orient. Le protestantisme, avec Luther et Calvin, s'éloigna de la méthode traditionnelle de l'Eglise catholique, pour s'appuyer sur les Ecritures et pour mettre fin à la profanation des indulgences, dont on faisait déjà au début de la réforme, un véritable trafic.

Les Brahmanistes ont pour livre sacré le Véda. Les védas étaient regardés comme contenant les principes de toutes les sciences. On les considère comme les plus vieux monuments de la langue sanscrite. Le sanscrit est la plus ancienne des langues Indo-européennes et celle qui, croit-on, se rapprocherait le plus de l'idiome primitif.

Dans le Brahmanisme, le nom du Dieu suprême est Brahma, créateur du monde, des Dieux et des êtres. Ses prêtres sont des Brahmes, Brames Brahmanes ou Brahmines. On suppose que Pythagore avait emprunté aux Brahmanes leur doctrine de la métempsycose.

La trinité hindoue comprend Brahma, première personne ; Vichnou, second terme ; Civa, troisième personne, dieu destructeur et fécondateur.

Les Sanhîtâs et les Brâhmanas décrivent les cérémonies prescrites aux fidèles de ce culte.

Les Bouddhistes repoussent le Brahmanisme comme étant une religion intolérable et cruelle ; ils nient l'autorité des Védas, les sacrifices et tous les rites brahmaniques.

En Asie et en Afrique, les musulmans pratiquent la religion de Mahomet, ou Islam. Ce dernier mot signifie pleine soumission à Dieu. Le Coran, œuvre de Mahomet, est admis par toutes les sectes musulmanes comme règle de foi et de morale. La doctrine fondamentale de l'islamisme est : « Il n'y a qu'un Dieu et Mahomet est son prophète ».

Les mahométans croient à l'existence des anges. Après leur mort, les hommes recevront la récompense qu'ils auront méritée. Les délices promises dans le ciel sont surtout sensuelles. Les tourments de l'enfer consistent à subir les alternatives d'un chaud extrême et d'un froid excessif. Le pardon est accordé à ceux qui croient à l'existence de Dieu ; les autres sont condamnés à souffrir éternellement.

Un croyant ne doit pas avoir plus de quatre femmes. L'orgueil, la calomnie, la vengeance, l'avarice et la débauche sont condamnés par le Coran. Au contraire, l'indulgence, la douceur, la modestie, la frugalité et beaucoup d'autres vertus, se trouvent exaltées à chacune de ses pages.

Les Confucianistes professent la religion de Confucius, nom latinisé du philosophe Chinois « Koung-Fou-Tsé », qui vivait environ dix siècles avant Jésus-Christ. Confucius rejeta toute révélation divine et érigea un système de philosophie morale basé sur les besoins et les tendances de la nature humaine. Sa doctrine est contenue dans des livres écrits par lui et complétés par ses disciples. Le Confucianisme est la religion d'état de la Chine.

Les Juifs ou Israélites ont des origines sémitiques. Dès les premiers temps connus, leurs ancêtres apparurent sur les bords de l'Euphrate, du Jourdain et du Nil. Leurs descendants sont aujourd'hui disséminés dans tous les pays du globe.

Dans l'antiquité, les Juifs formaient le peuple de Dieu. Au mont Sinaï, Moïse reçut de l'Eternel les dix commandements établissant un pacte entre Dieu et Israël.

Les livres saints composant l'ancien testament sont communs aux chrétiens et aux israélites. Les livres saints (ou nouveau testament) postérieurs à la naissance de Jésus-Christ, ne sont pas admis par les Juifs. Ceux-ci attendent toujours, sans se lasser, la venue du Messie...

A côté des religions principales, existent des sectes innombrables, fondées selon l'ambition d'un homme, la fantaisie de quelque illuminé. L'idée de la divinité a été honorée sous toutes sortes de formes. Les peuples d'intelligence primitive ont des religions simples et les pratiquent souvent de brutale manière. N'oublions pas, d'ailleurs, qu'en croyant parler ou agir au nom de

Dieu, les hommes n'ont pas craint, à toute époque, de recourir aux persécutions et d'infliger des supplices.

Cependant, le but d'une religion est élevé, lorsqu'elle prêche l'assistance aux déshérités, la paix entre tous les hommes. Pourquoi faut-il que de si nobles maximes aient été tant de fois dénaturées ?

Les convictions sincères d'une conscience méritent d'être respectées. Nous ne pouvons en vouloir à nos fières humains de ne point penser comme nous-mêmes. Il nous est permis de chercher à les persuader d'une erreur, mais notre volonté ne doit jamais leur être imposée.

Un délit, un crime appellent des châtiments sévères. En dehors des fautes que punit la loi et que réprouve toute nature droite, la liberté nous est acquise ; notre esprit a le droit de porter où il veut ses méditations et ses désirs infinis.

*
* *

* * *

Les luttes de l'existence ne sont pas égales pour tous les humains. Il en est qui, dès leur venue au monde, ont été comblés de tous les biens matériels désirables. D'autres, pour se les assurer, doivent peiner sans aucun repos ; cela ne suffit pas toujours, car le but entrevu se dérobe trop de fois.

Quels que soient les résultats de nos efforts, nous gagnons certainement à les avoir accomplis. Notre esprit est plus léger, après une tâche sainement réalisée. L'oisiveté amollit les caractères ; un travail régulier les rend plus résistants. Il est rare que nous regrettions d'avoir eu à lutter au début de notre vie ; l'expérience que nous avons acquise, nous sert à tout moment et nous rend supérieurs à d'autres plus fortunés.

Etablissez une comparaison entre deux garçons de même âge, nés dans des milieux différents. L'un connaît l'aisance, dès ses premiers jours. Il n'a qu'à profiter d'une moisson déjà levée ; sa main ne cueille que des fruits mûrs. Ne sera-t-il pas porté à croire qu'un pareil résultat s'obtient naturellement ? Son activité, ne se trouvant pas stimulée, aura des tendances à s'engourdir. C'est alors que s'offrent à lui les plaisirs faciles. Son intelligence risque de n'être jamais pratiquement développée.

Pendant qu'il s'abandonne à une douce quiétude, son voisin besogneux cherche à tracer sa voie. Rien ne vient sans peine, lui a-t-on dit. Sa médiocrité ne peut finir, sans qu'il emploie des moyens propres à la faire cesser. Ces moyens sont dans un labeur bien dirigé ; il s'ingénie à le rendre fécond. Ses connaissances s'étendent chaque jour. Sa valeur accrue dépassera souvent celle de son opulent voisin. De plus, il s'achemine peut-être vers la possession des biens que l'autre reçut en héritage.

Il serait tout à fait immoral de voir la fortune demeurer indéfiniment sous les mêmes toits.

L'effort des uns et l'indolence des autres, font passer tour à tour la propriété et le capital dans différentes mains.

C'est pour acquérir des biens et les transmettre à nos descendants, que nous exécutons notre œuvre journalière. Si l'on nous disait que le fruit de notre sueur sera détourné de sa voie, nous perdrions ce qui entretient notre courage.

Il ne faut pas craindre de répéter que le système collectiviste est une immense utopie.

Le communisme peut paraître séduisant en théorie. Une heure de pratique le fera condamner sans retour. D'après ses adeptes, il faudrait abolir le droit de propriété individuelle et laisser à l'État toutes les initiatives. Un citoyen n'aurait plus de volonté ; il agirait d'après les inspirations de ses dirigeants. Comment ose-t-on invoquer les principes de notre grande révolution, en exposant de tels projets ? N'est-ce pas pour nous rendre libres à jamais que nos pères ont brisé tant d'entraves ?

Pourquoi heurter nos inclinations et les pousser

vers un point où elles ne veulent pas aller ? Qui connaît mieux que nous nos goûts et comprend davantage nos aptitudes ? L'être qui porte en lui l'amour de l'ordre et du travail, dépenserait sa force en faveur des amis de l'intempérance, des habitués de la paresse : Beaux résultats à attendre d'un pareil système !

Fourier tenta cette épreuve en 1832. Elle échoua lamentablement. Ses disciples l'essayèrent à leur tour ; leur phalanstère eut le même misérable sort.

Les théories de Fourier obtinrent, un moment, du succès en Angleterre et aux Etats-Unis, comme dans notre pays. Fourier expliquait que dans une fausse condition de la société, nos désirs physiques et moraux deviennent irrésistibles et dangereux. Au contraire, par la vie commune nos caractères atteignent, en s'égalisant, une complète harmonie.

On nous rapporte que l'harmonie obtenue à Condé-sur-Vesgre fut de nature très dissonante. Le même faux accord est constaté partout où sont

mis en contact permanent des mortels aux caractères différents, aux tendances dissemblables.
Notre vie sociale doit avoir pour base l'entière
liberté de l'initiative individuelle.

Dans une démocratie, l'éducation des enfants
est à surveiller particulièrement. Puisque le monde
se trouve en perpétuel mouvement, il convient de
diriger son évolution dans le sens du progrès.
Nous pouvons imiter les exemples anciens, tout
en cherchant à faire mieux que nos devanciers.

Le succès va de préférence aux peuples qui font
tout pour se l'assurer ; il résulte d'efforts rationnellement combinés. La mutualité, bien comprise,
produit d'heureux effets; elle s'oppose victorieu-
sement au système collectiviste, tel que le comprennent ses prétendus apôtres.

Il devient souvent profitable de mettre en com-
mun des intérêts et des énergies, en vue d'un but
déterminé. La liberté des membres d'une telle
association n'est pas engagée au delà du point à

atteindre ; on pourra éprouver des mécomptes, mais les bénéfices d'une affaire profiteront à ceux qui les ont obtenus et seront employés selon leur choix exclusif.

Tout peuple défendant ses intérêts, devient le rival d'un autre peuple. Cette rivalité demeure souhaitable, s'il n'est employé de part et d'autre que des procédés réguliers. Une saine émulation stimule nos efforts; par elle, des résultats appréciables sont toujours obtenus.

Considérés dans leur ensemble, les Français sont adroits et intelligents. Dans les œuvres où la finesse et l'élégance deviennent nécessaires, ils ne rencontrent pas de rivaux. Pourquoi n'ont-ils pas su acquérir la méthode, qui réussit bien à d'autres moins doués? Nos compatriotes font songer parfois à ces héros des contes de fée, qui avaient reçu mille dons sans savoir en faire usage ; ils ne pourraient que se féliciter d'arriver à discipliner leurs élans.

Une cause de déchéance est, la dépopulation dont nous sommes menacés. Ici, le mal naît de notre égoïsme. Les autres races sont prolifiques ; pourquoi la nôtre n'aurait-elle pas les mêmes facultés créatrices? Possédons-nous moins de vigueur que les autres peuples ? La preuve du contraire vient d'être largement fournie. Nos soldats ont glorieusement démontré que le sang français reste de pure essence. Cependant, la plupart de nos femmes vivent infécondes.

A l'étranger, dans toutes les sphères de la société, on rencontre abondamment des familles nombreuses. Dans tous les milieux, les enfants sont désirés. Un noble empressement gagne toutes les mères.

Elles ne craignent pas de consacrer leurs meilleures années au travail sacré de l'humaine reproduction. Par elles, leur race se développe. Grâce à elles, leur patrie augmente chaque année sa force et son prestige. Dans leurs pays, toutes les tâches trouvent des êtres prêts à les entreprendre. De plus, les sujets inutilisés vont au loin augmenter le renom de leur contrée d'origine,

Hélas ! Il n'en est pas de même chez nous. Dans beaucoup de nos régions, les naissances suivent de loin les décès journaliers ; le trépas est plus fort que l'œuvre créatrice. Si cet état de choses ne reçoit pas de radicales modifications, nous nous verrons bientôt dans une situation sans issue. Des enfants sont nécessaires ; il faut que les couples jeunes et vigoureux s'emploient à nous en donner.

L'égoïsme n'est plus de saison. Les hommes parviennent aisément à se tirer d'affaire. Qu'importe si la dot d'une fiancée n'atteint plus le chiffre primitivement prévu ! Toute femme qui sait se rendre utile, est plus précieuse qu'une riche désœuvrée.

L'éducation de nos filles, principalement dans la bourgeoisie, est très souvent mal comprise. Beaucoup de parents ont l'habitude de considérer leurs progénitures comme des bibelots luxueux et inutilisables. Certes, nous devons traiter avec douceur nos enfants, mais il convient aussi de les

armer pour les dures luttes de la vie. A quoi peut
se résoudre une jeune fille ignorant tout le côté
pratique de l'existence ? Ce n'est point en s'attardant à des futilités qu'elle saura rendre des services autour d'elle. Aussi, les candidats à sa main
s'éloignent-ils de sa maison ; elle s'aigrit alors et
souvent le mariage, enfin accompli, n'est pour son
esprit et son cœur qu'une suite de déceptions. A
l'âge où la raison pénètre en nos filles, montrons-leur la réalité des choses ; ôtons les bandeaux qui
pourraient voiler leurs yeux. Ne craignons pas
d'éloigner d'elles les prétendants qui, avant toute
considération, placent le chiffre d'une dot.

Un effort journalier s'impose à nous tous. Aucun
mâle valide n'a surtout le droit d'interrompre sa
tâche, tant que ses revenus personnels demeurent
inférieurs à ceux de sa compagne légitime.

La protection doit venir de nous ; le sexe faible
n'a nullement à subvenir à nos besoins. Même
placé à l'abri du code, l'homme qui accepte de
vivre aux dépens de sa femme nous semble un

sujet d'espèce peu recommandable, méritant d'être livré au mépris public.

Il y a lieu d'applaudir aux efforts de ceux qui veulent conquérir une place dans la société. Leur dessein est louable ; sa réalisation est profitable à la collectivité des citoyens, car tout travail bien entrepris adoucit notre sort.

Malheureusement, on constate avec regret chez certains parvenus, des signes d'un orgueil véritable. Il n'est pas défendu à un homme de se montrer satisfait d'une réussite qui fut son œuvre ; pourtant, son contentement ne doit pas le faire tomber dans une présomption toujours blâmable.

Ceux qui portent un grand nom, façonnés de bonne heure aux usages mondains, comprennent sans doute mieux que d'autres la vanité des choses terrestres. L'or, les titres, les honneurs ne leur causent pas les émois qu'éprouvent de nouveaux venus buvant à la coupe des voluptés. Leurs propos sont souvent plus simples, leurs gestes paraissent moins guindés que ceux des bourgeois de récente souche. Il n'est pas rare de voir le fils d'un spéculateur enrichi, afficher plus de morgue que l'héritier d'un authentique gentilhomme.

L'atavisme entre pour beaucoup dans nos résolutions ; nous subissons inévitablement sa loi. Puisque notre physionomie peut reproduire, après plusieurs générations, les traits de nos ancêtres, pourquoi n'aurions-nous pas aussi un peu des sentiments qui les animaient ? On passe vite du dénûment à l'opulence. La politesse, fleur exquise, les bonnes manières ne s'acquièrent qu'à la longue ; pour les posséder, l'argent ne suffit pas : Il faut ce je ne sais quoi qu'une race se transmet d'âge en âge.

En dehors de la naissance, rien n'assouplit un esprit comme le culte des belles choses.

Les lettres exercent sur nous un pouvoir singulier. Comment ne pas être ému par la lecture des chefs-d'œuvre de nos grands écrivains, de nos immortels poètes !

La poésie, appelée langage des Dieux, était déjà sur les lèvres des premiers hommes. Ses chants ont émerveillé les générations se succédant dans l'univers. Il est des strophes qui dureront autant que le monde. Les poètes ont toujours su célébrer nos joies et bercer nos douleurs. Que la poésie soit grecque, latine ou en langues dites vivantes, elle est faite pour émouvoir les cœurs. Depuis Pindare, Sophocle, Homère, Eschyle, Théocrite et tous les aèdes de l'Attique ; depuis Plaute, Lucrèce, Virgile, Lucain, Horace et tant d'autres versificateurs romains, continués chez nous par les rimeurs de la Renaissance, du Grand siècle et la légion de ceux des temps modernes, la poésie a toujours jeté sur le monde les plus sublimes étincelles.

Emules des poètes, les prosateurs ne sont pas moins dignes d'admiration. Ils ont traité tous les sujets pouvant être conçus et compris par un esprit humain. La prose et la poésie nous enchantent, à la lecture comme au théâtre. Elles élèvent nos âmes vers des cîmes où les laideurs de la vie ne sont plus aperçues. Leur rôle s'affirme mora· lisateur. L'influence d'un chef-d'œuvre adoucit tout notre être, le porte à la bonté.

Rappelez-vous vos visites dans un musée que les peintres et les sculpteurs ont enrichi de leurs productions. Devant ces toiles que tant de pin· ceaux embellirent ; devant ces marbres et ces bronzes reproduisant avec bonheur des sujets si variés, n'avez-vous pas ressenti un frisson déli· cieux ? Quand vos regards se portent sur quelque œuvre dotée de formes achevées, n'éprouvez-vous point au même instant la sensation de vivre dans une sphère dominant la nôtre ? Tout semble purifié et ennobli autour de vous.

Nos plus fortes émotions nous viennent, sans doute, de la Musique ; elle est la reine de nos enchantements. Plaignons les cœurs qu'elle ne

sàurait toucher, car il n'y aurait en eux que séche-
resse et dureté.

Dans les temps antiques, Orphée, par la puissance
de sa lyre arrêtait déjà le dragon de Colchide et les
mouvantes Symplégades. A ses pieds, les fauves
dépouillaient leur férocité. Les divinités infernales
ne purent même pas résister à ses accents. L'ins-
trument qu'il reçut d'Apollon passa ensuite en
d'autres mains; elles l'ont fait vibrer pour la joie
des mortels sensibles.

Les difficultés d'exécution interdisent malheureusement à beaucoup, la connaissance de nos
grands classiques. En province surtout, ils ne restent connus que d'une élite. L'éducation musicale
du péuple est à peu près nulle; on devrait développer davantage en lui le culte de tous les arts.
La vie d'un humain demeure terne, lorsqu'un rayon
d'idéal ne vient pas sur elle se poser.

Selon leurs conceptions philosophiques, qui,
comme on le sait, sont innombrables, les hommes

ont défini de mille façons la nature de l'âme.

Les esprits religieux admettent une seconde existence commençant à la mort de l'homme, ce qui implique une âme immortelle. D'autres pensent que l'âme, synonyme d'intelligence, s'éteint avec la vie.

Nous ne connaissons exactement de nous-mêmes que notre partie matérielle. Les physiologistes nous décrivent avec précision la composition du corps humain ; encore, leur a-t-il fallu des siècles pour adopter des règles uniformes.

Les anciens croyaient qu'il existait un principe vital, dont l'union avec le corps produisait la vie et dont la séparation causait la mort. Les modernes se sont livrés à la recherche des phénomènes naturels des corps vivants.

Hippocrate considérait la matière aveugle comme l'agent mystérieux des opérations vitales; Galien devait certainement exprimer une autre opinion... Helmont, médecin flamand, qui, le premier reconnut le suc gastrique, plaçait dans l'estomac le siège de l'âme, où les esprits appelés par lui « archées » fermentent pour travailler à l'éclosion de la vie nouvelle. Un alchimiste suisse, Paracelse, dit aussi que l'archée est un principe vital qui préside à la conservation des êtres vivants.

D'après Helmont (Van Jean-Baptiste) l'archœus pouvait organiser la matière directement, sans l'intervention d'un œuf. Sylvius de Leyde, dans les Pays-Bas et Willis en Angleterre, expliquaient toutes les fonctions par la fermentation des fluides. Plus tard, d'autres chercheurs indiquaient les phénomènes de la vie, conformément aux principes de la mécanique et des mathématiques.

Après la doctrine de l'Anglais Harvey sur la circulation du sang, Haller, anatomiste suisse, émit, sur l'irritabilité et la sensibilité, des théories qui éclaircirent la science physiologique, jusqu'alors très confuse.

La physiologie moderne reconnaît le fait que beaucoup de phénomènes présentés par les corps vivants sont purement physiques ou chimiques et doivent s'étudier par la même méthode que les autres phénomènes physiques ou chimiques. Pourtant, ils sont différents de ceux du monde inorganique et ne peuvent se rencontrer que dans les corps vivants.

Par la dissection, la structure des êtres humains a été parfaitement étudiée. L'anatomie nous fait connaître le rôle et le nom de toutes les parties composant notre corps.

Qui nous dira, avec précision, ce qu'est l'âme? A quel moment vient-elle pénétrer dans notre mortelle enveloppe? A l'instant où on le conçoit, l'homme n'est qu'une chose informe; a-t-il déjà une âme? La reçoit-il en quittant le sein de sa mère? Pourquoi est-elle, cette âme, comme assoupie durant nos premières années? Son éveil n'est-il pas celui de notre cerveau, s'ouvrant lentement aux clartés de la vie? Son déclin n'est-il pas celui de nos sens, s'affaiblissant avec les années, et n'est-elle pas inséparablement liée au cœur, lorsqu'il cesse de battre?

Comment qualifier ceux qui croient tout savoir ! Notre embarras est grand, devant une telle énigme.

Sans forcer notre esprit à l'étude des choses surnaturelles, nous pouvons parler de cette admirable faculté qui s'appelle l'intelligence. Elle nous distingue des animaux, qui n'ont que l'instinct ; c'est elle qui nous a rendus les rois de la création.

L'intelligence est le pouvoir que nous avons reçu d'apprécier les faits se produisant autour de nous. Elle nous permet, par l'observation et l'étude, d'étendre chaque jour le cercle de nos connaissances ; grâce à elle, le savoir humain serait sans bornes, s'il ne s'arrêtait à la voûte bleue, gardienne des secrets du ciel !

Par l'intelligence, l'enfant suit avec fruit l'enseignement de ses maîtres ; grâce à elle, l'adolescent et l'homme studieux augmenteront chaque jour la culture de leur esprit.

On a confondu bien souvent l'intelligence et la

mémoire; or, il n'existe pas entre elles un étroit
rapport. La mémoire d'un humain à ses débuts,
peut nous abuser. Elle permet à celui qui en est
doué, de s'assimiler facilement des idées antérieu-
rement émises; elle lui sert à citer des faits, à rete-
nir des dates. Sa conversation peut nous impres-
sionner; les épreuves d'un examen lui sont
particulièrement favorables, car il n'a pas à créer
mais à reproduire. Il ressemble à ce perroquet
récitant une leçon longuement apprise. Malgré
ses succès précoces, il n'est destiné à jouer qu'un
rôle subalterne, si le jugement ne vient à son
secours.

Un jugement droit est le meilleur des présents
que la Nature nous offre; sans lui, nos autres
qualités sont condamnées à demeurer stériles. A
quel résultat pourrons-nous prétendre, en em-
ployant nos dons mal à propos? Un jugement
sain nous montre clairement le but et les moyens
qui le font atteindre.

La réflexion, mise au service du temps, mûrit

notre raison. Cependant, si nous arrivons au monde avec un esprit faux, les déconvenues sont pour nous inévitables. Combien d'êtres instruits, maniant aisément la parole, s'engagent sans cesse sur de fausses routes ! A côté d'eux, malgré leur culture modeste, d'autres hommes rencontrent aisément le succès : un jugement de bonne trempe les a précieusement servis.

La volonté, éclairée par l'entendement, accomplit de grandes choses. En parlant de cette faculté, il ne convient pas d'avoir en vue l'entêtement qui enchaîne à une idée, même mauvaise. Nul ne doit s'engager légèrement dans une affaire. L'étude qu'on en fait facilite les décisions à prendre; une fois arrêtées, leur exécution doit être poursuivie sans flottements. L'hésitation permanente est un signe de faiblesse.

Les causes de nos insuccès proviennent souvent d'un manque de méthode. Il n'est pas nécessaire d'avoir lu sur ce point l'admirable discours de

Descartes, pour employer les procédés convenant aux diverses situations de la vie. Les mots ont leur valeur, les savantes théories ne sont pas à dédaigner; un peu de sens pratique est préférable à bien des phrases aux contours académiques. Les propagateurs d'une méthode seraient parfois incapables de la suivre. Le goût de l'ordre est inné chez les uns et inconnu des autres; nous l'avons sucé probablement avec le lait qui nous a nourris. Il est à craindre qu'un esprit brouillon s'éteigne dans l'impénitence. Cette remarque ne doit pourtant décourager personne; appliquons-nous, sans répit, à atténuer nos inévitables imperfections.

Il n'est pas sur la terre deux êtres en état absolu de parité. Nous rencontrons souvent des hommes ayant entre eux des analogies physiques et morales qui nous frappent; pourtant, un examen sérieux nous ferait constater chez eux certaines dissemblances.

Les types humains sont donc innombrables, mais on a la ressource de les classer selon leurs origines; leur race étant connue, il devient facile de les réunir, d'après les mœurs et les caractères qu'ils nous ont révélés.

La classification des hommes est basée sur la couleur de leur peau, comme sur leur conformation extérieure. Les types de la race blanche ou caucasique, qui est la nôtre, ont le teint clair, des yeux non obliques, des cheveux bruns, blonds ou roux.

La race jaune, mongolique ou mongolienne, peuplant surtout l'Asie, produit des sujets bruns, offrant un teint qui va d'un jaune-brûn jusqu'aux approches du vert.

On croit que la race rouge dérive de la race jaune; c'est celle des Indiens disséminés dans les deux Amériques.

Les types de race noire ou Ethiopienne, se rencontrent un peu partout; ils peuplent surtout l'Afrique et certaines parties de l'Australie. On semble admettre que les plus beaux spécimens de cette race résident en Polynésie. Leur teint est brun-olivâtre; on les croit d'origine Malaise. Les noirs ont les cheveux laineux, la bouche lippue, le nez épaté ; leurs mâchoires s'allongent en avant : leur prognathisme caractérise les races inférieures.

Il n'est pas rare, en outre, de rencontrer dans le monde, des humains produits par le croisement de sujets appartenant à différentes races : ainsi sont les métis, les mulâtres et les quarterons.

Tout semble faire supposer que notre race est issue des pays situés aux environs du Caucase. En quittant le sol qui nous vit naître, nous avons physiquement dégénéré. Les Circassiens, Mingréliens et autres Caucasiens demeurés au berceau de leur espèce, sont généralement forts et bien bâtis ; leurs femmes possèdent une plastique superbe. Souhaitons à nos compagnes d'ajouter à leur grâce habituelle, l'opulente beauté des sœurs qu'elles ont là-bas...

La race blanche produit actuellement les types les plus parfaits de l'intelligence humaine. Les manifestations de leurs cerveaux sont d'ailleurs différentes, selon la contrée où ils se développent. Les peuples méridionaux ont plus de vivacité dans leurs manières et dans leurs propos; le soleil, qui les comble de ses rayons, n'est pas étranger à leur gaieté si exubérante. Les habitants des régions tempérées ou froides se montrent plus réservés en toutes choses. Malgré ces écarts dans les apparences, les mêmes vertus et les mêmes défauts peuvent partout s'observer.

Nous avons tous au cœur le culte de la Patrie; chacun de nous veut la voir grande et prospère. Pour elle, un être souffre sans murmurer; s'il le faut, sa vie lui sera offerte.

Ne savons-nous pas combien dépérissent les populations rangées sous des drapeaux qui ne sont plus ceux de leurs ancêtres? Le sort d'un peuple ne peut être réglé que par lui seul; pourquoi subirait-il, sans fin, la loi du plus fort? Lorsque des êtres gémissent hors des frontières de leur pays, il faut que ces malheureux soient appelés à rentrer dans leur grande famille; un souffle de liberté doit passer sur tous les territoires.

La vraie liberté n'est possible que dans un état démocratique, où le gouvernement, choisi par le peuple, est confié à des citoyens dignes de l'exercer.

Quand il s'agit de la conduite d'un pays, le principe d'hérédité paraît un contresens. Pourquoi perpétuer le pouvoir dans une même famille ? Ses membres sont-ils d'une autre essence que la nôtre? Ne demeurent-ils pas soumis aux lois naturelles qui nous condamnent aux faiblesses, aux erreurs? Parmi eux, peut se trouver un mortel supérieur, mais le contraire est également possible ; alors, ne vaut-il pas mieux laisser dans l'ombre ceux dont la place n'est plus au premier rang? Cette qualification de « Sujets » que donnent les chefs d'empire, répugne à nos instincts; remplaçons-la par celle de « Citoyens ».

Il ne faut pas nous croire affranchis de tout devoir, parce que nous vivons libres. La liberté d'action est proclamée, à la condition de ne pas en user pour nuire à nos semblables. Qui oserait soutenir que le vol, le meurtre ont un caractère légitime? D'autres délits sont prévus, d'autres dommages peuvent être causés.

Au cours de notre existence, nous nous oublions parfois à commettre des actions répréhensibles, quoique le code n'ait point l'habitude de les punir. La meilleure façon de les faire excuser, sera de les reconnaître et d'en atténuer les résultats malheureux. Il faut constater que nous ne sommes pas toujours entièrement responsables d'une faute commise; les vrais coupables restent ceux qui nous ont poussés à l'accomplir. Maintes personnalites, poursuivant des buts égoïstes, ne se privent pas d'abuser de notre inexpérience ou d'exploiter la faiblesse de nos sens ; le danger de telles suggestions est en raison directe de leur habileté à se produire.

Nous devenons parfois des êtres inconscients qu'un guide pervers fait mouvoir à son gré. A tout âge, nous ne saurions donc trop choisir nos fréquentations ; l'influence d'un milieu corrompu peut déterminer sur nous des effets déplorables.

Le mot de conscience est souvent prononcé. Ce n'est point sans embarras qu'on en donne une définition précise. La conscience n'est point une partie de notre corps pouvant motiver des observations anatomiques.

Depuis Erasistrate et Hérophile, la dissection a permis aux spécialistes de connaître à fond nos diverses parties matérielles. Tous les organes du corps humain peuvent être imités et présentés sous leur couleur naturelle; chaque pièce est étiquetée et s'enlève ou se replace à volonté.

Il n'est point possible aux plus habiles physiologistes d'opérer ainsi avec la conscience : elle est impalpable, impondérable, mais bien réelle. Où se place-t-elle? On serait tenté de la situer dans notre cerveau, siège des sensations et principe des mouvements volontaires. Cependant, il est permis

d'affirmer qu'elle ne dépend en rien de notre matière cérébrale.

Certains mortels doués d'un cerveau puissant,
sont totalement dépourvus de conscience. Ne voit-
on pas souvent des hommes intelligents agir en tout
sans le moindre scrupule? Ils briseront ce qui vient
arrêter leur marche, sans souci des ruines derrière
eux amoncelées. Leur conscience est assoupie ;
rien ne secoue sa torpeur.

La conscience fait partie de nos sentiments
intimes. Comme toute sensibilité, elle se trouve
quelquefois plus développée chez des sujets de
moyenne valeur intellectuelle ; elle nous porte
ainsi à nous éloigner du mal et à faire le bien. Elle
nous rend satisfaits, après une action reconnue
bonne. Ses sensations sont même ressenties physiquement. Un acte généreux nous rendra plus
dispos. Observez ailleurs ces coupables, aux
membres tremblants ; une ardente fièvre les prend
et les châtie.

Quelle que soit la qualité de notre conscience,

lumière intérieure, nul de nous ne peut prétendre à la perfection. Les philosophes et professeurs de morale n'ont jamais été à l'abri des travers de l'humanité; ils les expliqueront sans doute mieux, tout en subissant la loi commune.

Un défaut bien regrettable est l'orgueil, ou idée trop avantageuse de soi-même. Celui qui se fait de sa personne une telle opinion, rend la vie pénible à son entourage : Il est insupportable. Les êtres supérieurs ont des manières plus simples et des propos moins affirmatifs. Nul ne gagne à se faire remarquer, en s'écartant du bon goût et de la modestie.

Opposons au faux orgueil, à toute vanité, l'amour-propre ou sentiment exact qu'un être se fait de sa dignité, de sa valeur personnelle. Sans nous imposer bruyamment à l'attention du Monde, nous avons le droit de désirer que l'opinion du prochain nous soit favorable. Pour cela, rien n'est à négliger; nos actes habituels seront appréciés selon leur mérite.

N'oublions pas qu'une vive ambition est permise à tout esprit actif. S'il n'y avait sur terre que des êtres sans fermeté, se laissant aller au fatalisme, le monde ne marquerait aucun progrès. Il faut qu'une sincère émulation nous agite et nous pousse à toujours faire mieux.

L heureux effort d'un homme lui est directement profitable, mais il intéresse aussi la masse des autres humains.

On a des tendances à excuser les violences d'un emporte, en disant que son cœur est bon. Ce raisonnement manque de logique. Un être foncièrement bon, témoigne ses sentiments avec plus de douceur. La colère dégrade les individus ; sous son empire, ils se laissent aller aux injures les plus basses, à toutes les manifestations de la force. Leurs traits se contractent, leurs yeux lancent des éclairs, leur bouche est écumante ; on les dirait pris d'une incurable rage.

Comment croire à leurs regrets, quand nous

savons qu'une autre crise les secouera bientôt.
Ils sont bons, nous dit-on : Méfions-nous de ces
braves gens; évitons leurs atteintes.

D'autres types humains, peu recommandables,
sont ceux qui emploient l'arme de la médisance.
La brutalité semble leur répugner ; ils sont sou-
riants et doucereux. Qui oserait les suspecter, en
les voyant d'aspect si débonnaire? A voix basse,
comme à regret, ils lancent le trait qui doit déchi-
rer. Leur besogne étant accomplie près de vous,
ils vont plus loin la poursuivre. Elle détruit les
réputations, divise les familles, fait verser des
larmes et quelquefois du sang ; qu'importe ᴀ Rien
ne vaut, à leur avis, le plaisir de souiller une renommée, de jeter le doute sur un passé honorable.

La calomnie est souvent l'œuvre des envieux.
Les sots ne peuvent admettre la suprématie du
talent ; leur jalousie se manifeste en toutes circonstances. Ils n'avoueront pas ouvertement leur
dépit, si réel ; leur seule habileté est dangereuse,

puisqu'elle consiste à dénigrer sans cesse. Parfois, sous une apparence d'éloge, se cache l'épine qui s'enfonce et meurtrit.

Les passions, les sentiments humains ne varient guère avec le temps. Ce que l'on observait aux premiers âges des hommes, se renouvelle avec fidélité. Les générations passent, mais une chaîne indissoluble les unit. En lisant *le Barbier de Séville*, nous serions portés à supposer que Beaumarchais vient à peine d'écrire son immortelle pièce : Basile appartient à toutes les époques de l'histoire universelle.

Le Tartuffe de Molière se trouve en pareil cas. Notre grand comique a doté son personnage de traits ineffaçables. Tartuffe est le type de l'homme qui cache sous des dehors austères des vices répugnants. N'avez-vous pas rencontré maintes fois des êtres solennels, que tout semble effaroucher. Les grands mots de morale et de vertu errent souvent sur leurs lèvres. Que ne peut-on pénétrer leurs pensées ; elles seraient édifiantes !

6

Il est des pécheurs et des pécheresses qui ont attendu pour se repentir, l'âge de la caducité. Impuissants d'agir, ils passent leurs jours à jeter autour d'eux des anathèmes ; est-ce donc que leur mémoire oublie si vite le passé ?...

L'hypocrisie s'observe beaucoup chez les faux dévôts. Rien ne sert de pratiquer ouvertement un culte, si l'on n'a pas la foi qui s'allie à l'humilité.

Toutes les convictions sont respectables, quand leur sincérité ne peut être mise en doute. L'orgueil, certains motifs de cupidité poussent bien des sujets à afficher des sentiments qu'ils ne possèdent pas. Ceux-là ne sont pas les moins bruyants dans leurs manifestations. Leur façon de prier ne sait être que théâtrale ; ils nous rappellent des acteurs interprétant un rôle qui n'est pas fait pour eux. Dans une discussion, vous pourriez croire que la divinité est devenue leur chose particulière ; ils l'accaparent insolemment, parlent et jugent en son nom. L'aigreur est dans leurs discours ; la haine, qui ne s'apaise pas, habite leurs pauvres cœurs. Boileau aussi les connaissait bien : Ils sont demeurés et resteront les mêmes ; nos fils les subi ront indéfiniment, après nous.

La vertu, pure fleur, découle de tous nos actes accomplis en vue du bien. C'est par erreur que certains l'associent exclusivement à la chasteté, surtout en parlant des femmes. Nous admettons, sans peine, que la luxure dégrade les individus ; elle est blâmable, comme toute chose anormalement exécutée. Pourtant il faut songer à la reproduction de notre espèce, et l'œuvre de vie doit s'accomplir.

Les êtres réfractaires à cette loi naturelle commettent une faute, quand leur vigueur physique est reconnue. Que deviendrait le monde, si l'exemple des insoumis gagnait les masses populaires ?

Il y a beaucoup d'égoïsme chez ceux qui refusent de fonder une famille, afin d'éviter les charges que des enfants font peser sur une maison. Leur effort peut se maintenir plus léger ; il cesse même

d'exister, avec ceux qui adoptent une vie contemplative. Croit-on qu'un être s'épure en passant des
jours dans une complète inaction?

La plus louable vertu réside chez ceux qui, menant
une existence droite, gagnent leur pain quotidien.
La véritable vertu est chez ces femmes qui passent
tant de nuits près des berceaux où reposent leurs
rejetons chéris. Nulle fatigue ne compte pour ces
mères. Leur tâche est de préparer les fruits de
leur chair à accomplir l'œuvre de demain. L'avenir
est en elles. Peut-on en dire autant des vertus
qui s'étiolent sous quelque obscure voûte?...

La méditation n'empêche pas d'agir au moment
propice. Nous devons nous mouvoir, en vue
d'accomplir une œuvre généreuse et fertile.

Le vrai courage n'exclut point la prudence;
l'une peut seconder l'autre et le faire triompher.
A quoi bon dépenser des forces sans objet? Pourquoi s'exposer sans réflexion au danger qui
menace? Tout être qui combat doit se maintenir

fort pour l'instant décisif. Dans une lutte, celui qui sait durer approche du succès.

Il faut distinguer le courage purement moral de celui qu'on déploie en face d'un péril mortel. Le premier dénote une fermeté de caractère appréciable s'accompagnant de discussions, de polémiques pleines de vivacité. Il est digne d'éloges, mais ne peut être admiré comme celui qui fait affronter à tout moment la mort. Ce que nous avons de plus précieux au monde, c'est l'existence. La perte d'un bien matériel est loin de valoir celle de la vie.

Cependant, cette vie, à laquelle nous tenons tant, doit être vouée au service d'une noble cause. Quand la Patrie réclame ses enfants, leur devoir est d'accourir à son appel pour la défendre et la sauver. Cette obligation n'a pas besoin d'être instamment rappelée. Le son du tambour, un air de clairon électrisent les cœurs patriotes. Ceux qui entendent de tels bruits, ont vite rejoint leurs drapeaux ; à leur ombre glorieuse, ils se battront sans répit. De tout temps, l'amour de la Patrie exalta les courages.

En songeant aux combats où sont fauchées tant d'existences, un penseur se demande si tout le sang répandu n'aurait pu être épargné. Est-ce pour les jeter en pâture à la mitraille, que les mères ont engendré leurs valeureux fils ? Est-ce pour les laisser exposées aux souillures des soudards ivres, qu'elles prodiguent à leurs filles les hauts exemples de la pudeur?

La guerre, fléau horrible, devrait à jamais cesser; elle n'affirme pas le droit d'un parti vainqueur, puisque par elle c'est la force qui dicte sa volonté. Quand des hommes luttent pour l'émancipation de l'humanité, souhaitons qu'un vil despotisme tombe et disparaisse sous leurs coups.

Quoique moins meurtrier, le duel est aussi blâmable que la guerre. Ses lois sont de même origine. Avec lui, le plus adroit au maniement des armes peut impunément vous braver. Si ses procédés grossiers, ses propos diffamants ne vous ont pas suffi, suivez-le sur le terrain où il brille : une balle, quelques coups d'épée achèveront de vous démontrer que les faibles sont bien à plaindre.

Ces façons barbares n'ont plus rien pour les faire tolérer à notre époque. La force qui ne s'unit pas à la raison, répand l'alarme autour d'elle ; une autre force doit la briser.

Un phénomène curieux est celui qui s'observe dans les lieux où sont des multitudes ; on l'a appelé le délire des foules. Quand des humains nombreux se trouvent en contact, il doit passer entre eux un fluide magnétique de nature à les exciter au plus haut point. Certains êtres deviennent en proie à une sorte d'ivresse, laquelle leur donne une animation éminemment insolite. Ils sont bruyants et même querelleurs, jusqu'à la violence. C'est ce qui explique les excès commis dans maintes réunions publiques. Quand une foule a atteint le diapason voulu, il suffira que quelques meneurs la mettent en mouvement; elle se laissera conduire.

Nos assemblées parlementaires, dont les membres sont généralement éclairés et rassis, nous offrent quelquefois le spectacle de l'énervement. D'une manière générale, partout où l'on sectionne des groupes appelés à siéger, leurs délibérations sont bien moins tumultueuses. Le calme n'est donc pas l'ami des masses; nous devons cependant le rechercher. Rien ne l'égale pour entretenir en nous, avec un moral sain, la santé physique.

Puisque notre population se trouve constamment réduite, il faut que nos efforts remplacent ceux des bras disparus. Le travail est d'ailleurs salutaire. Rien comme lui, ne dissipe les ennuis qui nous assaillent. Pourtant, nos forces ont des limites; à de certains moments, le repos nous fait grand bien. Allons le chercher dans les champs; leur air pur nous ranimera.

Il n'est rien comme la majestueuse tranquillité d'une forêt pour dompter nos nerfs irrités. Le vent ne peut même y souffler; de hautes branches arrêtent son essor. Le silence y est à peine troublé par quelques chants d'oiseaux.

Tout en suivant des sentiers parsemés de fleurs ou recouverts de feuilles desséchées, nous pouvons laisser aller notre esprit à la rêverie; c'est alors que les grands problèmes de l'univers s'offrent à nos méditations. Nous nous disons qu'un mortel est infiniment petit en face du prodigieux mystère qui l'entoure. Nous répétons que les fragiles humains devraient employer leurs jours à se chérir, au lieu de les passer en luttes si mesquines. Des idées de tolérance et d'affection s'emparent impérieusement de nous. Gardons-les ces idées, en tous lieux, sur la terre; tâchons de les faire prévaloir. L'humanité ne devrait former qu'une immense famille, aimante et unie.

La rêverie consciente est une des formes de la

méditation. On a beau les nommer différemment ; elles se confondent. Une différence de mot n'est rien, lorsqu'il y a rapport entre deux choses.

L'action ne doit pas être irréfléchie ; nos méditations la préparent. Elles nous amènent à des règles de conduite dont notre prochain pourra, comme nous, recueillir les bienfaits. C'est ainsi qu'ont été préparées de merveilleuses découvertes ; c'est ainsi que sont nés les vastes projets enfantés par un cerveau génial. Rien de sérieux, de vraiment durable ne s'improvise ici-bas. Il faut qu'une pensée discipline nos élans, pour les rendre féconds.

Après les méditations ou rêveries que nous poursuivons en toute connaissance, viennent les songes éclos pendant notre sommeil.

Le sommeil, excellent réparateur de nos forces, semble nous plonger dans le néant. Pendant sa durée notre corps est inerte, nos yeux se trouvent clos, aucun bruit n'arrive plus à nos oreilles, notre esprit tombe aussi dans l'assoupissement. Pourtant, sa torpeur reste relative ; elle ne demande qu'à cesser. Alors, les idées les plus diverses passent dans notre cerveau ; il revient sur le passé, dénature des faits accomplis, bâtit mille projets fantastiques et va même jusqu'à prévoir l'avenir : N'a-t-on pas vu des rêves se réaliser ?

Le travail qui s'opère en nous, à notre insu, est d'ordre singulier. La machine humaine présente mille curiosités à un observateur attentif. De prétendus mages nous offrent parfois la clef des songes ; où donc est-elle ? qui la détient ?

On nous parle souvent de la force d'inertie, qui est absolument négative. Par elle, les meilleurs gestes peuvent se trouver neutralisés ; elle paralyse. C'est l'arme des nonchalants et des jaloux. Ceux à qui l'action répugne ; tous ceux qui ont quelque motif pour faire avorter un effort, n'hésitent pas à s'en servir. Son emploi est des plus faciles : il consiste à garder les bras croisés ou ballants et à attendre...

A côté de cette force ennemie de l'action, plaçons, en passant, la puissance de l'habitude. Elle pèse lourdement sur nous ; certains observateurs la déclarent irrésistible. Peu à peu, elle acquiert le pouvoir des instincts naturels devenus nos maîtres. Nous éviterons de contracter des habitudes trop enracinées, en variant nos procédés, ce qui nécessite un effort continu. Beaucoup d'humains aiment mieux ne rien modifier à leur manière. Leur mollesse s'accommode mal d'un changement, quel qu'il soit ; ils gardent, sans fin, leurs idées et leurs appréciations premières.

La puissance de l'habitude s'appelle aussi la Routine. Un usage bien affermi ne peut plus disparaître ; il trouvera indéfiniment des gens disposés à le suivre. C'est pourquoi notre administration n'arrive pas à se moderniser. Elle a dans ses rangs des sujets fort distingués ; les autres, trop nombreux, pratiquent l'inertie ou s'enfoncent dans la routine. La rose du compas ne marque point encore le vent qui emportera toutes les inepties conservées, grâce à la coutume.

A ce propos, quand une estampille fut donnée à un homme, il est rare de le voir arriver à s'en débarrasser; il a beau se débattre, ce sera en vain. Tel producteur de travaux achevés restera toujours pour le vulgaire, l'auteur d'une bluette parue à l'aurore de sa carrière; son nom, comme marqué au fer rouge, porte une empreinte ineffaçable.

D'autres fois, des artistes et des écrivains ne pourront se relever d'un échec subi à leurs débuts. Leur talent, depuis, s'est affirmé hautement; peine perdue!

Au contraire, des cancres resteront en faveur, parce que leurs premiers essais furent jugés heureux; ils vivront sur leur factice renommée. N'envions pas leur sort. Le talent console de tous les déboires. La foule est injuste pour les ouvriers de la pensée et les maîtres de l'art; elle aime les louanger, surtout après leur mort. Ses honneurs vont de préférence à ceux qui les recherchent avec habileté. Vous qui désirez percer vite, soignez vos relations; trouvez des Mécènes influents! Une

adroite médiocrité peut être quelque temps pré-
férée à un génie épris de solitude. La postérité
corrige, un peu tard, l'injustice de certains arrêts.

Beaucoup d'hommes ont des tendances à supposer que le talent correspond chaque fois à la
classe sociale ou à la situation officielle d'un individu : quelle hérésie! Les exemples du contraire
arrivent à nous en foule ; il nous suffit de voir et
de comprendre...

Croyez-vous au spiritisme? Ses adeptes sont-ils
à plaindre ou à censurer ? Faut-il considérer sérieu-
sement leurs singuliers exercices?

Si nous parlions de magnétisme, les réponses à
ces questions prendraient plus de netteté? Le
magnétisme animal existe et se manifeste à tout
propos. Un courant peut s'établir de l'un à l'autre
de nous. L'attraction existant entre les sexes n'est-
elle pas une des formes du magnétisme? Parfois
un frôlement de chair, une seule poignée de mains
nous causent des frissons.

Sans nous arrêter à ce penchant naturel d'un sexe pour le sexe opposé, nous avons le moyen de constater que le fluide résidant en nous est transmissible à un autre corps. C'est ainsi que s'obtient le sommeil hypnotique, pouvant aller depuis la simple exaltation des sens jusqu'à la catalepsie; le sujet endormi devient la chose de l'hypnotiseur et se plie à toutes ses volontés.

Ces phénomènes sont réels; pour les expliquer, les savants ne se mettent pas d'accord. L'existence d'un fluide magnétique animal est admise par les uns; les autres croient à une force spéciale appelée force neurique rayonnante (En Physiologie, on appelle neurilité la propriété que possèdent les fibres nerveuses de transmettre les sensations et la volonté).

Il est des docteurs qui attribuent l'hypnotisme à des causes physiques : suivant d'autres, ce serait un phénomène nerveux. Quelle que soit sa nature, le magnétisme animal est une réalité. Un

fluide passe des uns aux autres humains vivants
et suffisamment rapprochés.

La question change d'aspect lorsqu'il s'agit des
défunts. On peut disserter à l'infini sur l'immortalité des âmes, mais rien ne les rattache plus à la
terre. Toute communication avec les morts nous
semble donc interdite ; nous ne pouvons qu'espé-
rer les retrouver un jour dans des sphères imma-
térielles.

Depuis que la famille John Fox crut observer en
Amérique le phénomène des esprits frappeurs,
des médiums nombreux n'ont pas manqué d'exploiter la crédulité publique. Ils obtiennent les
succès allant à tout prestidigitateur habile. Le
caractère frauduleux de leurs exhibitions finit toujours par être dévoilé.

D'autres, non professionnels, ont pour excuse
la sincérité de leurs desseins. Ceux-là sont les
victimes de leurs nerfs ébranlés et d'une imagination qui s'abuse.

Qui trouvera un remède contre l'ivrognerie ?
Oh ! le vilain défaut ! L'homme qui en est affligé
n'a plus rien d'humain, puisqu'il perd la raison
nous distinguant des bêtes.

Sous l'influence de l'alcool, un buveur se
trouve comme en état de folie ; son cerveau surexcité
peut le pousser à des actes irréparables. La société
perd l'espoir de compter sur son concours ; à quoi
lui serait-il utile ? Au contraire, par la diminution
de ses forces, il devient avant l'heure une encom-
brante épave. Ses descendants composent un lot
de déshérités, que guettent la folie et la tubercu-
lose.

Nos dirigeants devraient s'efforcer de procurer
aux classes populaires des distractions saines et
variées. Grâce à elles, les cabarets tenteraient
moins, sans doute, leurs clients habituels.

L'ivrognerie pénètre dans tous les milieux,
mais elle sévit surtout là où règne la misère :
L'alcool tue, en paraissant consoler.

Les législateurs d'un pays peuvent beaucoup

lorsqu'il s'agit d'améliorer le sort des humbles.
Pour cela, des lois vraiment utiles sont nécessaires. Il faut des actes ; les mots restent vains, les
déclamations ne suffisent pas.

Un autre grave défaut est le jeu pratiqué dans
un désir de lucre. Rappelez-vous ces tapis sur lesquels l'argent coule à grands flots. Examinez les
hommes réunis autour de pareilles tables ! Ont-ils
des physionomies naturelles ? Tous leurs mouvements sont nerveux. Leurs bouches se contractent. Ils ont des regards de démons. S'ils parlent,
c'est pour prononcer de brèves paroles dictées par
la colère. Ils rappellent ces possédés qu'on exorci-
sait autrefois. La fortune ne doit pas être obtenue
par les procédés qu'ils emploient ; un gain ainsi
procuré a le caractère des choses illicites. D'ailleurs, nous ne voyons pas souvent un joueur con-
server ses biens ; en ce monde il est déjà puni.

On ne vantera jamais assez les mérites de la
bonne humeur ; elle embellit les plus sombres

jours. Par elle, la vie semble meilleure ; à quoi bon
la regarder, sans trêve, sous ses aspects mauvais ?
Sachons profiter des douceurs qu'elle nous offre.

Certains êtres sont malheureux par leur faute.
Leur esprit étroit s'attache à des minuties et gros-
sit en laideur les plus petites choses. Aucun de
nous ne peut prétendre à l'absolue perfection ;
cette idée doit nous faire apprécier avec indulgence
les travers de nos semblables. Bien entendu, il est
des faits méritant une générale réprobation. A
côté d'eux, nos journalières peccadilles doivent
être excusées. Si nous ne tolérons rien chez les
autres, ils s'attribueront aussi le droit de nous
traiter avec rigueur ; nous aurons alors à lutter
sans cesse.

De telles tendances paraissent plus fréquentes
dans les petites agglomérations. Là où les événements sont rares, le moindre fait prend une importance démesurée. Ce qui ailleurs passerait inaperçu
est dans ces endroits porté au premier plan, pour
assurer le triomphe de la masquinerie ; les dis-

cordes entre voisins, les haines entre familles y semblent éternelles. Pauvres cœurs que ceux où la tolérance n'a pas accès !

Quand l'amertume vient nous troubler, portons nos regards vers le firmament ; il nous dira combien nous sommes petits et nous montrera combien sont vains les effets de notre colère. Que paraissons-nous devant la puissance qui régit l'univers ? Une très chétive force, guettée par le néant; employons-la, au moins, à faire régner sur terre la bonté.

L'astrologie fut un art chimérique, que les Chaldéens cultivaient déjà. Après eux, les Égyptiens, les Grecs, les Romains et d'autres peuples encore, eurent des hommes prétendant connaître l'avenir par l'inspection des astres. Jusqu'au temps de Galilée, l'astrologie, dite judiciaire, fut confondue avec l'astronomie; elle est reléguée maintenant au rang des vieilles lunes.

L'astronomie a des principes certains. Cette

science détermine les positions des astres, étudie
les lois de leur configuration. Par elle, les Chinois,
2.500 ans avant Jésus-Christ, expliquaient déjà
les éclipses. Quelques siècles plus tard, les Baby-
loniens, autre dénomination des Chaldéens, décou-
vrirent la précession, ou mouvement rétrograde
des équinoxes, et déterminèrent la longueur de
l'année tropicale ; on croit même qu'ils connaissaient le vrai système de l'Univers.

En Grèce, plus de 600 ans avant Jésus-Christ,
Thalès de Milet enseignait que la terre est ronde.
De 160 à 125 avant Jésus-Christ, Hipparque de
Nicée détermina le mouvement moyen du soleil
et de la lune ; il établit aussi le premier catalogue
des étoiles.

Les Arabes introduisirent l'astronomie en Europe,
vers le XIIIᵉ siècle. Après une période peu remplie,
Copernic publia, en 1543, son ouvrage intitulé :
Révolution des corps célestes. Il osait déclarer que
la terre n'est pas au centre de l'Univers et expliquait rationnellement le mouvement planétaire,

en plaçant le soleil au centre de notre système.

De 1609 à 1618, Képler fit connaître les vraies lois
du mouvement planétaire : 1° Chaque planète
décrit, autour du soleil, une ellipse, dont l'orbe de
celui-ci occupe un des foyers ; 2° Les surfaces
décrites par les rayons vecteurs sont proportion-
nelles au temps ; 3° Les carrés des temps pério-
diques des planètes sont proportionnels aux cubes
de leurs distancès moyennes.

Les observations de Galilée, vers 1610, tendent
à démontrer la vérité du système de Copernic.
Descartes publia en 1637 son système Cartésien.
Les observations de divers autres savants prépa-
rèrent la voie aux recherches de Newton, couron-
nées de succès par la découverte de la loi de gra-
vitation. Le traité *Principia* de ce savant fut publié
en 1687.

Cassini, Halley, Harrison, Lagrange se distin-
guèrent dans cette science au XVIII° siècle. Laplace
fit paraître en 1796 son *Traité de la mécanique*

céleste. La date de cette publication est mémorable dans l'histoire de l'astronomie.

Lord Rosse construisit et mit au point son premier télescope, de 1828 à 1845. En 1861, on commença à appliquer l'analyse du spectre à l'astronomie. Cette opération, plusieurs fois accomplie, a révélé un grand nombre de faits importants. Les observations des dernières éclipses solaires ont conduit aux plus intéressantes découvertes, relativement à la constitution du soleil.

L'exposé qui précède résume à grands traits l'histoire de l'astronomie. Parmi tant de savants, aucun d'eux n'est cité comme ayant pu nous renseigner sur le principe réel des astres et la vie de leurs habitants.

Le soleil, centre de notre système planétaire ; les étoiles, astres fixes lumineux par eux-mêmes ; les planètes, corps errants qui tournent autour du soleil ou d'une autre étoile ; les constellations, qui peuplent l'immense étendue azurée ; tous ces millions de points lumineux fixés dans l'espace, sont-ils des mondes comme le nôtre ? Ont-ils sur leur sol des êtres organisés et conscients ? Comment conçoivent-ils, ces êtres, leur rôle au cours d'une existence mortelle ? Plus avancés que nous, se trouvent-ils d'accord sur leur origine ?

De telles interrogations demeurent sans réponse ; inutile de les renouveler. Cependant, le mystère de la création exerce sur nous un irrésistible attrait.

Ne pouvant faire mieux, contentons-nous de jouir du spectacle de l'Univers. A toute époque, la terre est remplie de splendeurs. Chaque jour, le soleil nous envoie ses rayons ; chaque nuit, quand se dissipe la brume, des étoiles innombrables nous convient à les admirer. Alors nos yeux tombent en extase, nos âmes se recueillent et de nos lèvres sort un bruit rempli d'ardentes invocations.

Les signes sont des démonstrations extérieures que l'on fait pour exprimer ce que l'on pense ou ce que l'on désire. Ces signes se trouvent diversement manifestés et forment un ensemble de choses ayant un sens conventionnel ; il faut, en effet, que ceux à qui ils s'adressent soient en état de les comprendre,

En dehors de ce qui est écrit, les communications par signes resteraient longues et difficiles. Un geste de la main, l'expression du regard ne manquent pas d'éloquence, mais paraîtraient insuffisants dans la plupart des cas ; c'est alors que la parole intervient et facilite le développement comme la compréhension de notre pensée.

Le problème de l'origine du langage a été de tout temps agité. Platon se demandait déjà comment l'homme a créé les mots. D'autres, après lui, font, dans leur opinion, traverser au langage les nombreuses phases d'une évolution progressive s'accompagnant de lenteur.

Pour certains philosophes et théologiens du moyen âge, l'hébreu aurait été la langue primitive ; cette opinion a été vivement combattue. Une autre école prétendit plus tard que le choix des

sons ou des mots avait dû être déterminé par le
désir d'imiter ou de peindre l'objet par la parole.
Herder développa la théorie de l'onomatopée. Condillac défendit celle de l'interjection, ou des cris
instinctifs. Des esprits religieux ont considéré,
même au xx⁰ siècle, le langage comme une révélation divine. La solution de cette question ne
semble pas à la veille d'être donnée, puisqu'elle
est liée à celle de l'origine de l'espèce humaine.

La plupart des linguistes les plus autorisés se
refusent à admettre l'existence d'une langue primitive commune. Leur opinion est basée sur trop
de différences existant entre des langues si diverses,
y compris celles ayant des procédés grammaticaux
semblables.

On évalue au moins à 900 les langues actuellement connues. Elles sont divisées en trois classes :
1⁰ Langues monosyllabiques, telles que la langue
chinoise ; 2⁰ Langues agglutinantes, celles où les
radicaux sont réunis sans se fondre complètement,
pour former des composés exprimant certaines

relations. Ces procédés grammaticaux se rencontrent principalement dans les langues indigènes de l'Amérique, de l'Afrique, dans le japonais, le turc, le basque, etc... ; 3° Langues à flexions, où la racine peut se modifier elle-même et, par ces modifications de forme, exprimer des modifications de sens.

Le groupe des langues à flexions se répartit en trois familles : 1° la famille Sémitique (Hébreu-Arabe-Phénicien-Chaldéen, etc...) ; 2° la famille Khamitique (Egyptien ancien, Berbère, etc...); 3° la famille Aryenne ou Indo-européenne (Sanscrit, Grec, Latin, Allemand, Anglais, Flamand, Russe, etc...)

La famille Indo-Européenne comprend huit groupes : 1° Groupe Hindou (Sanscrit, Hindoustani, Népali, etc...) ; 2° Groupe Eranien (Persan, Arménien, Kourde, etc...) ; 3° Groupe Hellénique (Grec et ses divers dialectes) ; 4° Groupe Italique (Latin, Osque, Ombrien, Etrusque et les langues qui en dérivent); 5° Groupe Celtique (Breton, Gal-

lois, Irlandais, etc...) ; 6° Groupe Germanique
(Norvégien, Suédois, Danois, Anglais, Allemand, etc...) ; 7° Groupe Slave (Russe, Bulgare,
Polonais, Tchèque, Serbe, etc...) ; 8° Groupe Letti-
que (Prussien, Lithuanien, Lette).

Les langues Française et Italienne dérivent pres-
que exclusivement du latin ; elles forment avec le
Provençal, le Portugais, l'Espagnol et le Roumain,
le groupe des langues romanes.

L'étude des langues présente une telle difficulté
qu'il serait désirable d'adopter un langage conventionnel simple, pour faciliter les relations interna-
tionales. Le Volapük paraissait d'abord devoir être
choisi ; on l'a délaissé récemment au profit de
l'Esperanto, dont la grammaire est réduite à seize
règles.

L'emploi heureux des mots d'une langue produit des harmonies enchanteresses. Les mots, bien
choisis, font jaillir en nous des idées sans nombre.
Ils forment des images qui n'existent pas seule-

ment dans notre pensée. Nos yeux semblent les voir ; nous les admirons, comme si elles étaient devant nous.

La langue française possède une élégante richesse, enviée par beaucoup de ses rivales. Elle résume les traits essentiels de notre race, éprise de clarté et gardant en aversion la lourdeur qui distille l'ennui.

Un orateur, maître de sa parole, nous conduit aux plus hauts sommets. L'influence du beau langage est énorme et méritée. Grâce à des mots évocateurs, nous parcourons le cercle des connaissances humaines ; notre esprit s'ouvre à mille beautés et fait de nous les rois des créatures peuplant la terre.

On a voulu hiérarchiser les sens. C'est par eux que les hommes reçoivent l'impression des objets extérieurs et corporels. En examinant leurs diverses perceptions, qui sont celles de l'ouïe, de la vue, du tact, du goût, de l'odorat, on éprouve beaucoup

d'embarras à les classer dans un ordre de préfé-
rences. Ils nous sont tous d'une grande utilité. Si
l'un deux vient à nous manquer, nous ne tardons
pas à mieux apprécier sa réelle importance.

Les sens forment un ensemble dont l'homme a
grand besoin. Si l'un deux s'affaiblit, l'équilibre
établi par la nature disparaît.

Le sens de la vue paraît nous être le plus indispensable. Sans lui, nos facultés ne trouvent plus
guère leur emploi ; sans lui, le concours de notre
prochain nous devient absolument nécessaire.
Comme il doit être dur aussi de ne point jouir du
spectacle de la superbe nature ! La raison seule
peut atténuer les regrets des malheureux atteints
de cécité.

Quoique à un degré moindre, la perte de l'ouïe
doit paraître très sensible. Un sourd aperçoit chaque objet, se meut librement, mais les bruits du
monde n'arrivent pas jusqu'à lui ; il est comme
étranger à ce qui se passe autour de sa personne.
Toute conversation lui est interdite, aucune voix

ne viendra le charmer. Son embarras et son dépit doivent être extrêmes.

Au début de notre vie, l'usage de la parole nous manque et nous essayons nos premiers mouvements ; les sens tactiles tiennent alors pour nous la plus grande place. Leur importance demeure bien certaine, mais diminue avec le temps, quand nos autres moyens se sont développés.

Les sens sont sujets à des erreurs appelées illusions et hallucinations. Ils faiblissent quand nous vieillissons ; des excès peuvent précocement les altérer : Sachons prolonger leur aide si précieuse.

Il semble difficile de marquer nettement une séparation entre les émotions et les passions que nous éprouvons. Toutes sont des mouvements que notre âme ressent à des degrés divers. Certains analystes, pour les distinguer, disent que les troubles émotifs sont des phénomènes plus rapides et passagers que les passions.

L'émotion ne se produit pas si rien ne la détermine, tandis que la passion peut mettre sur nous son empreinte ineffaçable. Pourtant, l'habitude, la continuité de jouissance usent nos passions ; par un effet de volonté, nous arrivons même à les vaincre entièrement.

Les émotions ont le pouvoir de momentanément nous transformer ; sous leur empire, nous voyons nos facultés se modifier. Parfois, la mémoire nous manque ; les souvenirs dont nous aurions besoin, n'existent plus en nous ; nos membres sont engourdis ; notre bouche a de la peine à émettre des sons articulés ; nos jugements perdent leur précision habituelle : nous redevenons nous-mêmes, quand disparaît la cause de notre exaltation.

Nos passions sont plus tenaces. Il faut du temps pour chasser ou affaiblir celles qui nous agitent, comme la haine, la crainte, la cupidité, l'espérance. Combien enraciné est parfois l'amour dans un cœur humain !

Les passions ont été jugées diversement, selon

l'école qui les étudiait. Le moyen âge les classait
en concupiscibles et irascibles. Bossuet, critiquant
la classification de Descartes, énumérait onze
passions dérivant de l'amour, compris dans un
sens très étendu. « Posez l'amour, disait-il, vous
verrez naître toutes les passions ; ôtez l'amour,
elles disparaissent toutes ; la haine qu'on a pour
un objet ne vient que de l'amour qu'on a pour un
autre. Je ne hais la maladie que parce que j'aime la
santé; je n'ai d'aversion pour quelqu'un, que parce
qu'il m'est un obstacle à posséder ce que j'aime. »

Les passions décrites par Bossuet, et reproduites
ici, forment une énumération assez complète :
L'amour, la haine, le désir, l'aversion, la joie, la
tristesse, l'audace, la crainte, l'espérance, la colère,
le désespoir.

Sous certaines influences, d'autres passions
peuvent naître en nous et nous secouer furieuse-
ment. Trouvons la force d'arrêter leurs excès. Il en
est de nobles ; suivons-les, avec ferveur : un mortel
n'est jamais trop bon, jamais assez utile.

8

La logique nous apprend à discipliner notre jugement et à raisonner juste. En parlant de cette science, quelques brèves définitions paraissent nécessaires.

En logique, l'analyse est une méthode de résolution, de décomposition qui remonte des conséquences aux principes, des effets aux causes, des propositions générales aux faits dont elles sont tirées. En opposition à l'analyse est la synthèse, méthode de décomposition qui procède du simple au composé, des éléments au tout, des causes aux effets.

Le raisonnement est l'emploi que nous faisons de nos facultés intellectuelles, pour arriver à émettre un jugement. Un raisonnement peut-être déductif ou inductif.

La déduction, conséquence tirée du raisonnement, conclut du général au particulier. Par elle, on va aussi de la cause aux effets, du principe aux conséquences.

L'induction, procédé logique opposé à la déduction, consiste à tirer de faits particuliers une conclusion générale ; elle permet de conclure qu'une chose doit ou peut être, puisqu'une ou plusieurs autres sont ou pourraient être.

Les axiomes sont des vérités évidentes n'ayant besoin d'aucune démonstration. Aussitôt énoncées, on les conçoit comme vraies et notre esprit ne pourrait admettre une proposition contraire. On dit aussi que les axiomes sont des propositions générales reçues et établies dans une science.

Les postulats sont des propositions également admises sans démonstration, mais elles n'ont pas l'évidence des axiomes. Tout postulat est un principe premier, dont l'admission devient indispensable pour établir une démonstration. '

Moins simples que les déductions immédiates, les médiates trouvent leur meilleure expression dans le syllogisme.

Le syllogisme est un terme qui comprend toute combinaison possible de deux propositions dont on peut déduire une troisième, appelée conséquence ou conclusion. La première proposition (majeure) et la deuxième (mineure) sont aussi nommées prémisses. La conclusion est déduite de la majeure, par l'intermédiaire de la mineure.

Les conclusions ne doivent pas dépasser les prémisses, mais peuvent devenir elles-mêmes les prémisses d'autres syllogismes. Par ce moyen, les variétés de syllogismes sont infinies. Dans leur nombre, avec l'enthymème, l'épichérème, le pro-syllogisme, le sorite, se trouve le dilemme. Ce dernier argument contient deux propositions différentes ou contraires, dont on laisse le choix à l'adversaire ; quelle que soit la proposition choisie, il doit se trouver condamné ou confondu.

L'hypothèse est une supposition que l'on fait d'une chose, soit possible, soit impossible, de laquelle on tire une conséquence. Ses mérites ont été niés par certains logiciens ; on doit reconnaître qu'elle contribue aux progrès scientifiques, par les recherches qu'elle incite à effectuer.

L'analogie est une ressemblance ou similitude

partielle existant à certains égards entre deux ou plusieurs choses différentes. Un raisonnement par analogie peut permettre de réaliser de nouveaux progrès dans l'ordre des rapports constatés entre divers phénomènes.

La définition a été diversement divisée, selon les philosophes. Il en est qui ont séparé les définitions de choses des définitions de mots. D'autres, ont distingué des définitions nominales ou idéales et des définitions réelles.

On peut dire que la définition est la manière d'exprimer les qualités propres d'un objet ; elle explique ce qu'est une chose et ce que sont ses qualités particulières.

Les anciens, surtout les Grecs, voyaient dans la philosophie une science universelle, où tous les événements du monde moral comme du monde physique seraient étroitement reliés.

Cette conception parut irréalisable. Une œuvre plus modeste fut entreprise. Les phénomènes différents furent étudiés à part, ce qui provoqua la formation de sciences particulières à côté de la philosophie générale.

La classification des sciences a été plusieurs fois tentée ; Aristote s'en occupait déjà. Elles ont toutes une utilité reconnue. Une dépendance existe entre elles. La physique ne pourrait rien sans les mathématiques. Que serait la chimie sans la physique ? On pourrait en dire autant de la biologie sans la chimie et des sciences morales sans la biologie.

Par exemple, les mathématiqnes ou la physique sont plus généraleset moins complexes puisqu'elles se retrouvent dans les autres études. « C'est la dépendance des sciences d'après leur ordre de complexité croissante et de généralité décroissante, qui règle leur hiérarchie. »

L'observation est une étude qui permet de considérer attentivement les choses physiques ou morales. Ses résultats ne deviennent intéressants qu'avec un observateur capable et patient, se montrant impartial. Malgré cela, l'observation pourrait demeurer insuffisante ; c'est alors que l'expérimentation vient à son secours.

L'expérimentation contrôle l'observation et la théorie. S'il y a lieu, elle les corrige. Elle est également l'amie de l'impartialité, puis demande encore du savoir, de la patience et même de l'imagination.

Les phénomènes observés, les êtres particuliers existent trop nombreux pour ne pas être confondus. Par la classification, ils se trouvent rangés en catégories, ce qui réduit leur nombre. Cette simplification s'opère en les unissant d'après leurs ressemblances, leurs caractères particuliers ; elle crée des groupes, au lieu de laisser éparses des unités nombreuses.

La classification artificielle range les objets d'après quelques caractères choisis parmi les plus visibles. Au contraire, dans la classification naturelle, les caractères essentiels aux objets dont on s'occupe sont concurremment employés.

Le sophisme est un faux raisonnement. On peut

le qualifier ainsi, qu'il soit fait ou non dans le but d'induire en erreur.

L'expression de paralogisme s'employait autrefois pour caractériser un raisonnement involontairement faux. Cette distinction entre les deux termes tend à disparaître.

L'erreur, inséparable de la nature humaine, est une fausse croyance entrée dans notre esprit. Il ne faut pas la confondre avec l'ignorance, qui n'a pour elle que le néant ; cependant l'ignorance nous laisse en état de neutralité, tandis que l'erreur a parfois des conséquences plus déplorables.

Les erreurs ont pour origine nos sens et notre imagination ; elles sont souvent produites par l'influence qu'exercent sur nous nos passions. Un examen fréquent de notre conscience, ainsi que les avis des hommes pondérés, nous armeront contre l'erreur.

Si notre éducation a été négligée, si des exemples mauvais nous furent donnés au début de notre existence, il nous sera difficile d'apprécier judicieu-

sement toutes choses ; le temps seul pourra modifier nos idées et les rendre meilleures.

Notre esprit accomplissant son évolution, peut
traverser divers états allant du doute, par la pro-
babilité, à la certitude.

L'idée est la figuration d'une chose dans notre
esprit ; c'est la notion que notre esprit se forme
d'une chose. L'idée semble la faire passer devant
nos yeux, en lui donnant une apparence cor-
porelle. Les mots viennent ensuite au secours de
l'idée, pour exprimer à fond notre pensée. Selon
leur origine, les idées sont dites sensibles,
intellectuelles, concrètes ou abstraites.

Les idées concrètes représentent l'objet entier,
avec tous ses caractères apparents. Les idées
abstraites ne représentent qu'une partie de l'objet ;
cette partie dans la nature ne peut exister à part
des autres.

Il est aussi des idées simples ou indivisibles et
des idées complexes, c'est-à-dire composées de
divers éléments pouvant être remarqués.

Les idées ont des qualités positives ou négatives ; ainsi, l'idée du jour, qui est positive, est
affaiblie ou supprimée par celle de la nuit.

Il y a encore des idées singulières, désignant une
seule unité ; des idées générales ou universelles,
s'appliquant à un groupe d'êtres ; des idées particulières, n'allant qu'à une fraction de groupe.

Aristote créa la logique et lui consacra six livre
distincts, composant son *Organon*. Négligée en
Grèce et surtout à Rome, elle régna despotique-
ment au moyen âge. Abélard lui accorda une importance capitale. Son emploi donna naissance à la
méthode scholastique. Nicole, en 1682, fit revivre
le système d'Aristote. Sa logique se divise en
quatre parties, d'après les opérations principales
de la pensée : concevoir, juger, raisonner, ordon-
ner ; ce qui amène à traiter des Idées, du Jugement, du Raisonnement et de la Méthode.

Kant réserva dans sa philosophie une certaine
place à la logique. Hégel s'en occupa spécialement

et devint chef d'Ecole. Ses opinions ont été com-
battues, au nom de la science, par son compatriote
Beneke.

En Angleterre, la logique semble n'obtenir
qu'une faveur relative ; en France, on peut citer
comme s'en étant occupés plus particulièrement
Bossuet, Gassendi, Condillac, Barthélemy-Saint-
Hilaire, etc.

Port-Royal, groupe auquel appartint Nicole,
disait que la logique est l'art de penser. Cette définition paraît ambitieuse. Sans accomplir une œuvre vraiment créatrice, la logique peut expliquer
nos états d'âme et faciliter notre raisonnement.
Les pensées qui germent dans l'esprit d'un ignorant, sont quelquefois plus droites et précises que
celles conçues par le cerveau d'un intellectuel. La
Nature a sa grande part dans nos idées ; cependant, l'étude développe les dons d'observation que
nous avons reçus et nous prépare à juger sainement les faits soumis à notre appréciation.

Il a déjà été dit que la morale est la science des mœurs. On pourrait ajouter qu'elle est aussi celle du devoir. Les règles de conduite qu'elle nous trace sont de tous les pays et de tous les temps.

Accomplir son devoir, c'est faire ce que nous indiquent la raison et la loi.

La loi n'est pas seulement cette autorité souveraine qui ordonne, défend ou punit. A côté d'elle, se range la loi naturelle contenant les principes de justice et de bonté qu'une force créatrice voulut placer en nous. Tous les textes reproduits, selon les mœurs des peuples, sont dictés par une voix sortie de la conscience humaine. Cette voix nous dit que nous devons aimer nos semblables et les aider suivant nos forces : Plaignons ceux qui n'entendraient pas de tels accents !

Un geste isolé est beau, mais ne saurait suffire. Afin de profiter de leurs efforts, les mortels ont dû se grouper dans leur lutte pour l'existence. Ainsi s'expliquent les formations d'Etats, où les hommes sont unis par des liens de race et d'intérêt. Ces divers assemblages d'êtres, sur lesquels le temps a mis son empreinte, gardent des mœurs et des langages différents.

Nous devons aimer tous nos frères humains formant la grande famille universelle. Pourtant, la Patrie de nos aïeux est celle qui nous prend tout entiers ; au sol qui les vit naître, au drapeau qui les abrita, vont nos meilleurs hommages. Le Patriotisme entretient en nous une ardente flamme ; il fut toujours la source d'admirables exploits. Voici comment nous avions trouvé, dans une autre circonstance, l'occasion de définir le vrai patriotisme :

Les Paroles ne sont rien, si nos attitudes
Ne veulent se régler sur elles. Chaque fois,
Un geste effectué selon nos habitudes
Devrait confirmer tout ce que dit notre voix.
A quoi bon parler, quand sortent de notre bouche
Des mots qui ne sont pas franchement prononcés ;
Avec eux, ce que nous faisons restera louche
Et nos moindres avis paraîtront insensés.

Dans combien de discours, avant la grande guerre
Ne nous avait-on pas dit d'aller jusqu'au Rhin
Délivrer des captifs qu'on enchaîna naguère !
Qu'ont fait tant d'orateurs, lorsqu'a tonné l'airain,
Pour répondre aux appels qui traversaient l'espace ?
Les uns ont accompli jusqu'au bout leur devoir
Et payé bravement leur dette à notre race ;
Parmi ceux-là, beaucoup au fond d'un gouffre noir
Reposent à jamais loin de nos cimetières,
Dans des champs où leur nom n'est même pas écrit,
Car souvent nos soldats, sans linceuls et sans bières,
Dorment inconnus aux points où la mort les prit.
D'autres — les plus bruyants — de manières prudentes,
Jugèrent à propos de se mettre à l'écart
Et de laisser passer les affreuses tourmentes
N'atteignant pas ceux qui savent rester à part.

Or, il ne suffit pas d'avoir un uniforme
Pour prétendre sauver la Patrie en danger ;
Le rôle des Français revêt une autre forme
Lorsqu'il s'agit d'aller combattre l'étranger.
Tout homme jeune encore et demeuré valide
A sa place, en un front, marquée au premier rang ;
Dans ces affaires-là, c'est l'âge qui décide :
Les puissants, les obscurs sont tous d'un même sang.

Hélas ! Pourquoi faut-il qu'à des heures tragiques
L'intrigue ait le dessus parfois sur la raison ?
Oui, nos yeux ont vu maints orateurs frénétiques
D'autrefois, s'attarder dans quelque garnison.
Leur voix, forte jadis, cessait d'être éclatante ;
Ils ne tentaient rien pour attirer les regards :
En les apercevant, la foule méfiante
Jetait son vif dédain sur eux et leurs brassards.
A la même heure, au loin se poursuivait la lutte
Implacable et toujours pleine de grands périls ;
A la même heure, au loin, sous les coups d'une brute,
Succombaient des Français aux sentiments virils.
Ceux-là n'avaient pas, sans doute, en de longues phrases,
Affiché leurs émois, si noblement éclos.
Leurs gestes et leur ton dédaignaient les emphases ;
Cependant, ils bravaient le trépas, les tombeaux,
Pour nous doter de jours plus prospères et calmes.
Gloire à ces défenseurs de notre liberté !
Unis, tressons pour eux de magnifiques palmes ;
Leur effort est promis à l'immortalité.
Le vrai patriotisme est celui qui s'emploie
A faire triompher partout notre drapeau ;
Un acte est parfait, s'il allume notre joie
En répandant sur la France un rayon nouveau....

A la base de toute nation se trouve la famille ; elle est l'admirable unité qui sert à former les puissants Etats. Par elle, un peuple brille ou décline. Nous lui devons nos succès, comme l'élan qui efface les grands revers. Dans son sein, nous puisons les principes qui inspireront nos actes ; ses exemples nous seront profitables, si nous voulons les suivre.

Le rôle de la famille prend donc une énorme importance. Nous accomplissons des actes de haute portée, en facilitant la prospérité des êtres vivant à l'ombre d'un cher foyer. On ne fera jamais assez en faveur des familles prolifiques. Nos lois à ce sujet ont besoin d'être élargies. C'est par ses enfants, toujours plus nombreux, que la France accomplira son œuvre magnifique.

Ceux qui s'occupent des classes sociales, groupent les individus d'après leur situation matérielle. Il est en nous un autre état dont on ne tient pas suffisamment compte. L'intelligence ne marche pas de pair avec la richesse, de même qu'avec les avan_ tages conférés à un individu par sa naissance, selon l'endroit où elle se produit. C'est surtout d'après la qualité de notre esprit que nous devrions être jugés et réunis ; le reste n'offre qu'une importance secondaire. Cependant, grâce à leur argent et à leurs relations, beaucoup de médiocres se maintiennent fâcheusement au premier plan. Si la valeur personnelle était mieux reconnue et utilisée, des résultats plus importants seraient obtenus en toutes choses.

Pour cela, il faudrait détruire l'égoïsme qui sévit sur notre espèce. L'égoïsme est le vilain défaut de celui qui ramène tout à son cas particulier. L'intérêt général n'existe pas pour des êtres d'esprit obtus et d'âme mesquine. Quand leur but se trouve atteint, tout leur semble parfait. Notre tâche ne sera point terminée, tant que d'autres mortels auront à lutter contre des éléments hostiles. Ne nous croyons pas quittes envers le prochain, quand nous lui aurons prodigué de belles paroles ; nos actes doivent lui prouver l'absolue sincérité de nos propos.

Quelle belle chose que la franchise ! En exprimant ce que nous ne pensons pas, nous jetons dans l'erreur les humains qui nous écoutent, ce qui peut les porter à mal agir. Evitons de tromper leur confiance. Attachons-nous à n'exprimer que des vérités ; cela n'est pas une raison pour dire celles qui sont blessantes. Dans certains cas, le silence est à tout préférable.

Une formule très connue de Kant s'applique à nos actes personnels : « Agis toujours de telle façon que tu puisses vouloir que la règle de ton action devienne une loi universelle. »

Nos mouvements n'ont pas à être déterminés par la crainte d'une sanction ou l'espoir de certaines récompenses. Tous les gestes intéressés ne peuvent paraître que faux. Notre conduite doit être dictée par la voix d'une conscience droite, n'ayant en perspective que ce que le devoir nous prescrit.

Au cours des siècles, la philosophie a eu des écoles innombrables. S'il fallait grouper les résul-

tats de toutes les méditations ayant formé un
corps de doctrines philosophiques, on obtiendrait
une interminable énumération. Nul travail, même
le plus considérable entrepris à ce sujet, n'aurait
chance de fournir des éléments complets.

Parmi tant d'assemblages d'idées et de principes,
on peut en citer quelques-uns résumant les
principales tendances de l'esprit humain à travers
les âges:

L'Athéisme est l'opinion des athées qui n'admettent point l'existence d'un Dieu. Après Epicure, Lucrèce et Spinoza, le philosophe italien
Vanini, qui enseignait l'athéisme, fut condamné et
brûlé à Toulouse en 1619. Quelques années plus
tard, d'autres athées formèrent la secte des cons-
cienciaires, parce qu'ils ne connaissaient d'autre
divinité que la conscience ; le nombre des in-
croyants n'a pas diminué depuis.

L'Atomisme est le système des philosophes qui
prétendent démontrer la formation de l'univers par
la combinaison fortuite des atomes. L'atomisme

expliqué par Démocrite et Leucippe, chanté par
Lucrèce, modifié par Epicure, admis par Diderot,
Cabanis, Broussais, est un véritable matérialisme,
qui ne reconnaît d'autre principe que la matière.

Le Cartésianisme est une doctrine philosophique,
issue des principes émis par Descartes. Le principe métaphysique de Descartes est le suivant : « Je
pense, donc je suis »; son principe physique :
« Rien n'existe que la matière ». Descartes fonda
la psychologie moderne sur les ruines de la
scholastique. Ainsi que cela a été rappelé, sa
méthode est résumée dans la phrase suivante :
« Pour atteindre la vérité il faut une fois dans
sa vie se défaire de toutes les opinions qu'on
a reçues et reconstruire de nouveau, et dès
le fondement, tous les systèmes de ses connaissances. »

Le Déisme est le système de ceux qui, rejetant
toute révélation, croient seulement à l'existence de
Dieu et à la religion naturelle. Le déisme est la
négation de la doctrine de la Trinité. Le Judaïsme,

le Bouddhisme et le Confucianisme sont essentiel-
lement déistes.

Le Déterminisme se rapproche du fatalisme. Il
admet l'influence irrésistible des motifs et nie l'influence personnelle sur la détermination. En philosophie, la détermination est l'action par laquelle
une chose également susceptible de plusieurs
qualités, de plusieurs manières d'être, est destinée
à recevoir l'une plutôt que l'autre.

Le Dogmatisme pose ses points de doctrine
comme des vérités incontestables. Avec lui, il faut
croire et affirmer ; le doute n'est point permis. On
dogmatise, en exprimant ses opinions d'une
manière impérieuse n'admettant aucune réplique.
La philosophie dogmatique s'oppose à la philosophie sceptique.

Le Dynamisme ne reconnaît dans les éléments
matériels que des forces dont l'action combinée
détermine l'étendue et les autres propriétés des
corps. Cette doctrine suppose que la matière est
mue par des forces immanentes, au lieu d'être

mise en mouvement par une action extérieure et mécanique. On oppose le dynamisme d'Aristote, de Leibniz et de Newton au mécanisme de Descartes, ou action combinée des parties de l'Univers,

L'Eclectisme se dit de la doctrine des philosophes qui, sans adopter de système particulier, choisissent dans les divers systèmes les opinions qui leur paraissent les plus vraisemblables. Dans l'anti-quité, les éclectiques étaient des philosophes qui avaient la prétention de choisir le bon de tous les systèmes. Cette secte atteignit son apogée sous Aumonius Saccas, philosophe d'Alexandrie au IIIe siècle de notre ère, qui maria le christianisme avec la doctrine de Platon. Victor Cousin s'est servi du mot éclectisme pour dénommer son sys-tème philosophique.

L'Empirisme est un système qui place dans l'ex-périence notre seule source de connaissances. L'empirisme de Locke fut combattu par Leibniz.

L'Epicurisme est la morale d'Epicure, qualifiée généralement de voluptueuse et sensuelle. Cependant, les doctrines d'Epicure ne méritent pas cette réputation. Au contraire, Epicure enseignait qu'un état de béatitude mentale suprême ne peut être atteint que par la tempérance, la chasteté et un grand développement intellectuel.

L'Evolutionnisme est une doctrine basée sur l'idée d'évolution. Ce terme d'évolution s'applique à la doctrine que l'univers existant a été graduellement formé par l'action des causes naturelles. Linné et Buffon, les deux Darwin, Lamarck, Spencer, Hœckel et tant d'autres étudièrent tour à tour le problème du développement des espèces. Les partisans de la théorie de l'évolution disent qu'il est prouvé par la géologie que la terre et ses habitants n'ont pas soudainement pris naissance. Depuis des millions d'années, ils existent; leurs présentes formes ont été acquises par l'action d'agents naturels.

Le Fatalisme est la doctrine de ceux qui attribuent tout au destin, comme de ceux qui pensent que, tout ayant été réglé d'avance par Dieu, il

n'est rien laissé au libre arbitre de l'homme. Le
fatalisme caractérise surtout l'esprit des musulmans : Pour eux, la volonté d'Allah règne en souveraine.

L'Idéalisme est le contraire du réalisme. Il nie la
réalité individuelle des choses distinctes du « moi »
et n'en admet que l'idée. L'idéalisme se dit de
tout système philosophique qui considère les
idées comme le principe de la connaissance.

Le Malthusianisme est le système de l'économiste
anglais Malthus. Les théories de Malthus provo-
quèrent les plus vives controverses. D'après lui,
le peuplement qui ne rencontre pas d'obstacles,
s'accroît au delà de nos moyens de subsistance ;
mais le développement de l'espèce humaine est
heureusement arrêté par le vice, la guerre, les
épidémies et certains procédés conseillés par la
prudence.

Le Matérialisme est considéré aujourd'hui
comme synonyme d'athéisme. C'est le système de
ceux qui pensent que tout est matière et de ceux

qui croient que l'âme de l'homme n'est pas une substance spirituelle distincte de la matière, mais qu'elle est le résultat d'une organisation de matière spéciale dans le corps. L'épicurisme est une sorte de matérialisme.

Le Mysticisme est une disposition de ceux qui croient avoir des communications directes avec Dieu. D'après cette doctrine, la perfection consiste en une sorte de manière contemplative, unissant, par des liens mystérieux, l'homme à la divinité.

Le Nominalisme forme une des principales doctrines qui se partagèrent la philosophie scholastique et suivant laquelle les universaux, c'est-à-dire les termes qui expriment les idées générales (genres et espèces) ne sont que de pures dénominations ne correspondant à aucune réalité.

L'Optimisme est le système des philosophes qui soutiennent que tout ce qui existe est le mieux possible, ou que la somme totale du bien l'emporte sur l'ensemble du mal.

Leibniz défendit avec force la doctrine optimiste, sans arriver à convaincre Voltaire, qui lui prodigua ses railleries.

Le Panthéisme est le système de ceux qui n'admettent d'autre Dieu que le grand tout, l'universalité des êtres. Spinoza se trouvait parmi ceux qui déclarent identiques Dieu et le Monde.

Le Pessimisme est l'opinion de ceux qui pensent que tout va mal sur la terre. Schopenhauer a émis sur le pessimisme des théories célèbres. Elles sont en opposition formelle avec celles de l'optimisme.

Le Positivisme, système créé par Auguste Comte, embrasse un champ très vaste. Il se base entièrement sur les faits positifs ou sur les phénomènes observés et rejette toutes les conceptions métaphysiques, qu'il considère comme négatives, n'ayant en elles rien de véritable. Abandonnant la recherche des causes et de l'essence des choses, il se livre à l'observation, à la classification des phénomènes et à la découverte de leurs lois.

Le Préadamisme est une doctrine d'après laquelle

Adam n'aurait pas été le premier homme créé. Les membres de cette secte prétendaient qu'avant Adam de nombreuses générations d'humains avaient existé.

Le Pyrrhonisme est la doctrine du philosophe Pyrrhon, par laquelle on affecte sur tout un doute absolu. Pyrrhon, contemporain d'Alexandre le Grand, professait que l'impassibilité de la vertu était le but le plus élevé de la vie et que la vérité, au point de vue scientifique, demeure inaccessible.

Le Réalisme est une doctrine philosophique du moyen âge, qui consistait à regarder les idées générales comme des êtres réels. On l'opposa à l'idéalisme. L'école des réalistes était aussi opposée à celle des nominaux, ou partisans du nominalisme.

Le Scepticisme repose sur la suspension du jugement affirmatif ou négatif, surtout en matière métaphysique. Pyrrhon défendait déjà le scepticisme universel. Avec ou après lui, d'autres philosophes anciens avaient comme dogme principal de douter de tout, de n'affirmer jamais, de tenir leur jugement en suspens sur la moindre chose.

Le Sensualisme, avec Condillac, fait dériver des sensations tous les autres phénomènes intellectuels. Démocrite, Lucrèce, Gassendi et beaucoup d'autres, appartinrent à l'école sensualiste. D'après eux, toutes nos idées proviennent des impressions reçues par nos sens.

Le Spiritualisme admet l'existence de l'esprit comme réalité substantielle. Ce système s'oppose au matérialisme. Parmi les plus célèbres philosophes qui l'ont enseigné, se trouvent Descartes et Leibniz.

Le Stoïcisme est la philosophie de Zénon. Sa règle morale plaçait le bonheur dans l'accomplissement du devoir et la pratique de la vertu. Les stoïciens vantaient l'effort et la fermeté. Leur système était une sorte de panthéisme, faisant consister la substance dans un feu subtil, comprenant matière et force.

Le Théisme est la croyance en l'existence de Dieu, se rapprochant plus d'une religion ou d'un culte que le simple déisme. Contrairement au déisme, le théisme, se fondant sur une révélation, reconnaît une providence et admet parfois un culte.

Par ce qui précède. on voit combien seraient présomptueux les jugements définitifs que nous voudrions porter en matière philosophique ; ils n'auraient, d'ailleurs, aucune chance d'être admis. Depuis que le monde existe, nul être n'a réussi à imposer entièrement ses doctrines. Nos affirmations trouveront toujours quelqu'un pour les mettre en doute et même les combattre. Les systèmes s'opposent aux systèmes, sans qu'une lumière absolue jaillisse du choc permanent de nos idées.

Cette impuissance à nous mettre d'accord doit nous rendre indulgents les uns pour les autres. Quand nous émettons de bonne foi un avis, tolérons qu'à côté de nous une autre opinion soit sincèrement exprimée.

Le dogmatisme doit avoir fait son temps. Les luttes intellectuelles de tant de générations, étaient soutenues en vue d'affranchir la pensée humaine. L'esprit est libre ; au lieu de la contrainte, c'est la raison qui doit aller vers lui.

Sachons penser. N'agissant qu'avec réflexion, choisissons dans chaque méthode ce qu'elle nous paraît offrir de bon. Ne demeurons pas un instant sans nous dire que l'erreur nous guette et qu'il faut nous garder de ses atteintes.

L'Eclectisme a été remis en honneur par un des nôtres. Dans sa chaire de la Sorbonne, Cousin célébrait avec force les mérites d'une doctrine adoptant tout ce qui semble contenir une parcelle de vérité. L'éminent professeur n'aurait pu placer son talent au service d'une cause meilleure.

Laissons le brutal entêtement aux étrangers qui sont nos adversaires. Nos cerveaux, façonnés par tant d'ancêtres épris de droiture, se montrent chaque jour plus amoureux de justice et de clarté ; à eux d'accepter toute règle bonne, d'accueillir toute idée généreuse. Au cours des siècles, leur rôle grandiose fut tracé ; il consiste à répandre, au delà des monts et des océans, la saine pensée française : Flammes de nos esprits, jetez sur l'Univers un pur rayonnement !

Justin PONS

IMP. JOUVE ET Cⁱᵉ, 15, RUE RACINE, PARIS — 3801-18

www.ingramcontent.com/pod-product-compliance
Lightning Source LLC
Chambersburg PA
CBHW082336110426
42744CB00037B/835